中华现代学术名著丛书

认识论

张东荪 著

创于1897
商务印书馆
The Commercial Press

图书在版编目(CIP)数据

认识论/张东荪著.—北京:商务印书馆,2011(2024.6重印)
(中华现代学术名著丛书)
ISBN 978-7-100-08474-1

Ⅰ.①认… Ⅱ.①张… Ⅲ.①认识论-研究
Ⅳ.①B017

中国版本图书馆CIP数据核字(2011)第139858号

本书据世界书局1934年版排印

中华现代学术名著丛书
认识论
张东荪 著

商 务 印 书 馆 出 版
(北京王府井大街36号 邮政编码100710)
商 务 印 书 馆 发 行
三河市春园印刷有限公司印刷
ISBN 978-7-100-08474-1

2011年9月第1版 开本880×1240 1/32
2024年6月第4次印刷 印张5⅞ 插页1

定价:45.00元

张东荪

(1886—1973)

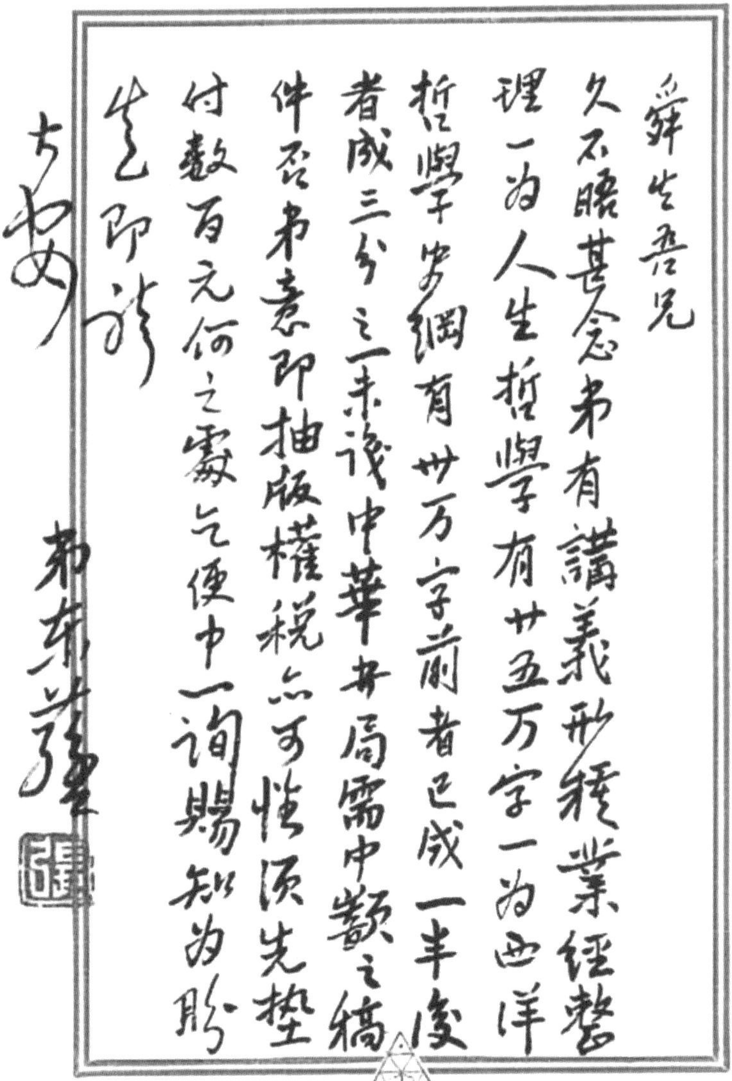

舜生吾兄

久不晤甚念弟有講義兩種業經整

理一為人生哲學有廿五万字一為西洋

哲學史綱有廿万字前者已成一半後

者成三分之一未識中華書局需此類之稿

件否弟意即抽版權稅亦可惟須先墊

付數百元何之處乞便中一詢賜知為盼

此即頌

大安

弟東蓀

張

作者手迹

出版说明

百年前，张之洞尝劝学曰："世运之明晦，人才之盛衰，其表在政，其里在学。"是时，国势颓危，列强环伺，传统频遭质疑，西学新知亟亟而入。一时间，中西学并立，文史哲分家，经济、政治、社会等新学科勃兴，令国人乱花迷眼。然而，淆乱之中，自有元气淋漓之象。中华现代学术之转型正是完成于这一混沌时期，于切磋琢磨、交锋碰撞中不断前行，涌现了一大批学术名家与经典之作。而学术与思想之新变，亦带动了社会各领域的全面转型，为中华复兴奠定了坚实基础。

时至今日，中华现代学术已走过百余年，其间百家林立、论辩蜂起，沉浮消长瞬息万变，情势之复杂自不待言。温故而知新，述往事而思来者。"中华现代学术名著丛书"之编纂，其意正在于此，冀辨章学术，考镜源流，收纳各学科学派名家名作，以展现中华传统文化之新变，探求中华现代学术之根基。

"中华现代学术名著丛书"收录上自晚清下至20世纪80年代末中国大陆及港澳台地区、海外华人学者的原创学术名著（包括外文著作），以人文社会科学为主体兼及其他，涵盖文学、历史、哲学、政治、经济、法律和社会学等众多学科。

出版“中华现代学术名著丛书”，为本馆一大夙愿。自1897年始创起，本馆以“昌明教育，开启民智”为己任，有幸首刊了中华现代学术史上诸多开山之著、扛鼎之作；于中华现代学术之建立与变迁而言，既为参与者，也是见证者。作为对前人出版成绩与文化理念的承续，本馆倾力谋划，经学界通人擘画，并得国家出版基金支持，终以此丛书呈现于读者面前。唯望无论多少年，皆能傲立于书架，并希冀其能与“汉译世界学术名著丛书”共相辉映。如此宏愿，难免汲深绠短之忧，诚盼专家学者和广大读者共襄助之。

商务印书馆编辑部

2010年12月

凡　例

一、“中华现代学术名著丛书”收录晚清以迄20世纪80年代末，为中华学人所著，成就斐然、泽被学林之学术著作。入选著作以名著为主，酌量选录名篇合集。

二、入选著作内容、编次一仍其旧，唯各书卷首冠以作者照片、手迹等。卷末附作者学术年表和题解文章，诚邀专家学者撰写而成，意在介绍作者学术成就，著作成书背景、学术价值及版本流变等情况。

三、入选著作率以原刊或作者修订、校阅本为底本，参校他本，正其讹误。前人引书，时有省略更改，倘不失原意，则不以原书文字改动引文；如确需校改，则出脚注说明版本依据，以“编者注”或“校者注”形式说明。

四、作者自有其文字风格，各时代均有其语言习惯，故不按现行用法、写法及表现手法改动原文；原书专名（人名、地名、术语）及译名与今不统一者，亦不作改动。如确系作者笔误、排印舛误、数据计算与外文拼写错误等，则予径改。

五、原书为直（横）排繁体者，除个别特殊情况，均改作横排简体。其中原书无标点或仅有简单断句者，一律改为新式标点，专名号从略。

六、除特殊情况外，原书篇后注移作脚注，双行夹注改为单行夹注。文献著录则从其原貌，稍加统一。

七、原书因年代久远而字迹模糊或纸页残缺者，据所缺字数用“□”表示；字数难以确定者，则用“（下缺）”表示。

目　　录

自　序 …………………………………………………………………… 1
第一章　知识之由来 ………………………………………………… 2
第二章　知识之性质 ………………………………………………… 6
第三章　知识之切否 ………………………………………………… 16
第四章　知识之标准 ………………………………………………… 29
第五章　认识的多元论 ……………………………………………… 33
多元认识论重述 ……………………………………………………… 91

张东荪先生学术年表 ………………………………………………… 127
张东荪的“知识学”与“新子学时代” ………………… 张耀南　141

自　　序

本书的前四章是为初学的人而设。因为预留后章的幅篇起见，所以特别简略。取其明白而已。好在认识论的问题与学说派别亦只须这样的叙述亦就一目了然了。这四章是门人王光祥根据 Gamertsfelder and Evans, Fundamentals of Philosophy 中的一章写下来的。因为该书实在是一本顶好的哲学概论。但却经我删去了不少。至于第五章乃是我个人的主张。我这个主张蓄之于心中好多年。现在愈想愈觉有些自信。所以把他发表，求海内明哲指正。其内容与拙作《条理范畴与设准》一文（载《哲学评论杂志》）大体上差不多。不过亦有些改变。就中对于“范畴”一语，因为歧义太多，易生误会。随避而不用了。关于涵义一层亦觉得归于名理为妥。总之，这样便较前文更平稳些浅近些。霍金（Hocking）说，折衷论者总是无大气魄。我自承是一个折衷论者，至于折衷得成功还是失败，则敢请读者批判了。

二十三年四月著者序于

北平达园百花盛开之时

第一章　知识之由来

认识论(Epistemology),是研究关于知识的问题。这些问题可以有下列的几种:

一、是知识之由来——这个问题所要讨论的是:知识是习得的呢,还是天生的呢?

二、是知识之性质——这个问题所要讨论的是:知识的内容是感觉呢,知觉呢,概念呢,判断呢,还是其他呢?

三、是知识与实在之关系——这个问题所要讨论的是:知识的对象是外物呢,还是心影呢,抑或兼是呢?

四、是知识的标准——这个问题所要讨论的是:知识上所有真伪是以何而分呢?

以上这四个问题,是认识论上最重要的问题。但是这四个问题,是互相关联,互相依靠的。我们不能只讨论其中的一个问题,而不讨论其余的三个。

认识论上的知识由来问题,即在确定吾人如何得到知识。换言之,即在我们的经验中以何种为构成知识的要素。最著名的三个回答便是理性主义,经验主义和神秘主义。理性主义以为吾人是从理性方得有知识,经验主义以为感官知觉就是知识的根本。神秘主义以为知识由直觉而来。现在让我们来一察这些学说。

甲　理性主义(Rationalism)

理性主义只讨论知识的由来,不讨论知识的用处。他以为我们从感觉上得来的经验,如色,声,香,味等,只是知识的材料。要使这些感官知觉的原料有意义,必需组织成一系统。这种组织的工作,不是经验,而是理性的加工。换句话说,理性主义所见的知识,是在概念,原理和法则里面,而非察觉个别的物体。他们以为经验主义有二大缺点:一是把经验看成各种不一致的零碎东西。二是太把心看成被动的了。殊不知心有组织能力。而是能动的,能将感官印象依据思想的根本法则整理起来。极端理性主义者甚至于把这些原则原理亦认为就潜存于自然。于是"自然"便成为一个"大心"了。这便为形而上学的唯心论。

理性主义者往往以数学为他们的护符。以为数学便是对于"理"的真知灼见。例如数学上的点,线,面,圆,不是现实界中的点,线,面,圆。要发现数学中很多的关系,都非科学的归纳法所能为力的。从几何学的方法上,凡结论都可从定义和公理上抽绎出来;而数学还正可以将此演绎法应用于一切知识。近代科学上预料物理现象的惊人成绩,全靠这些公式。

乙　经验主义(Empiricism)

在经验主义者看来,知识之唯一来路是经验,亦就是官觉印象。他们以为理性主义者所说的普遍法则,其实都没有客观的实在性,不过是心中的设想而已。

经验主义者之所谓心,当然不是理性主义者之所谓具有能动的,创造力的;他之所谓心,乃是印象与观念之保存者。凡理性主义者所崇尚的先验格式,在经验主义则以为都可由科学的归纳法求得。于是经验主义即变为实证主义了。现代科学的方法论亦颇受其影响。

在大体上,理性主义和经验主义所主张的都是对的,所否认的都错了。二个学说,都只见其偏而未见其全。要完全的解释知识之由来,必需把他们联合起来。现在继续看一看神秘主义。

丙 神秘主义(Mysticism)

神秘主义者主张真理只有由"天启"方能得着。从历史上看,神秘主义却代表人类精神的一种特殊倾向,即是直接接近于神的倾向。这亦是人性欲直接悟得实在的愿望,想从神的启示中解决一切问题。

神秘主义有各种不同的方式,侧重于感情者,为美的神秘主义;侧重思想者,为玄辩的神秘主义;侧重于意志者,则为伦理的神秘主义。各神秘主义者接近于神的方法也是不同的,而以印度思想上的"坐禅"可选为最适当的代表。因为坐禅是一种顿悟。先断绝一切肉欲。恢复了固有的清明。于是乃是与神合而为一,这种神秘的经验不是推理所能得的;因此,也不是逻辑的论证所能驳难的。但他不说你错,也不说他对,他的回答,不是一种证明,而是一种要求，只是简简单单的叫你自己去尝尝便知道了。

丁　其他的学说

除开上面三种学说之外，其他求得知识的方法，有权威论，怀疑论，唯用论。权威论就是以社会为背景。这种学说，不过是说某种社会刺激因为长久的使用，应用的普遍，或是与所崇敬的个人或制度有关，而有一种特别力量，使人获得知识罢了。怀疑论以为知识是由直接经验而来，知识的由来，是不能求得的。要想发现知识是否正确的得到，简直是蠢事。怀疑主义喜欢指出我们的经验之由于时间的变化，空间的关系，知者的生理状况，心理联想等的变动而生的矛盾。我们所有的印象，都充满着各不一致的现象。要从这些复杂的条件之下去求得知识之根源，不啻痴人说梦。唯用论对于知识之由来是一个最重要的学说，在下章讨论知识之标准时详谈，此处暂不述及。此外有所谓直觉论，其实就是神秘主义罢了。

第二章　知识之性质

知识的由来和知识的性质，这种区别是很不自然的。须知其间并无严格的界限，我们只为研究的便利加以区别而已。因此，上章和这章所讨论的，只是一种考察的二方面。

所谓知识之性质，我们所注意的，是将经验的内容分析开来加以叙述。须知知识所包含的历程，有三个阶段：一是“描写或叙述”（Description），二是“说明”（Explanation），三是“解释”（Interpretation）。单是“叙述”阶段便是常识；“叙述”与“说明”兼具，便是科学；三者兼具，便构成哲学。从另一方面说，“叙述”给吾人以事实，“说明”给吾人以定律，“解释”则给吾人以理由。

甲　思想中判断的功能

首先，我们要知道，所谓叙述，说明和解释，都是判断的形式。没有判断，则不会有真知识，因为只有在判断中，我们才能说知识是真是假。现在要问何谓判断？

一 判断为知识之根本

判断是知者在知的历程中能辨认出某物具有某些性质,或无某性质,或是某物属于某类的,或不属于某类的。判断用口头说出或用文字写出,便是所谓"命题"。如说"苏格拉底是人","记忆不完全是可靠的",便是判断之用命题来表示的。每一个判断,都肯定或否定一些东西。所以,在下一个判断的时候,总要先知道所论者间之关系。所以判断必是把主词与谓语相混合。但是一命题的主词谓语虽相联结,其所代表的事实关系不一定就是一致的。

判断的最高形式,见于"解释"里。在"叙述"中,是侧重于分析;乃是对于一事物之各方面,而非事物与事物间之关系。但是,在"解释"中,判断是志在求事物的普遍意义;思想的综合作用,便于此出现。在"说明"中间,判断是表示出分析与综合的二种作用。表现事物中的特质及其关系,便是判断在说明中的分析作用;表示关系与特质非事物所附丽,而为自外所接受,便是判断在说明中的综合作用。然而,判断中的分析作用和综合作用,是分不开的;在"叙述","说明","解释"齐集的时候,分析与综合便并用于判断之中。

总结起来,我们可以说,判断是能知的主观,将所知的客观所供给的内容,组织成为联贯的系统。但是主观何以能永远有判断的工作?判断中所解释的事物何以具有同样的组织型式?要解答这些问题,势必先以假定为思想之根据。最重要的根本假定,便是"公理","范畴"和"设准"。

二 判断的根据

一、公理——公理是最简单的判断，如果思想要有确实性，则非承认它不可。公理判断的命题，谓语所表示的意思即是主语的意思。例如几何学中的公理："全体比任何部分更大；"我们已经知道凡是一个"全体"，就比一部分大的。所有的公理，都不是归纳研究所得的结果，通常都是直接的认知，是决定经验的先验原理。公理之为真理，是自明的。有三个公理对于理智的活动特别重要，即普通所谓"思想律"是。这"律"字本与此地所说者不甚切适，但亦可视之为公理。这三个定律，即"同一律"，"矛盾律"和"排中律"。

何谓"同一律"？我们可以定义道："如某是甲，他就是甲。"这个定律，似乎没有什么，实则颇有道理。须知我们要不是根据于这个原理，则我们得到的结论决不能有意义。假如我们谈论时所用的主语不断地在那里变化，则完全不会成为令人可懂的思想。

"矛盾律"是说我们不能说是这甲同时又不是甲。同一律注重的是一物"必定是"；矛盾律注重的是一物"不能是"。用命题来表示矛盾原理，即"甲不是'非甲'"。

"排中律"是说二个相矛盾的命题不能同时真。在二个相矛盾的命题之间，没有中立的余地；一个命题是真的，其余一个必定是假的。便是："甲对于乙或'非乙'二者必居其一。"但须知如"生命"，"运动"等似乎是具有矛盾性的。譬如"运动"，是说一个东西是在这里，同时又不在这里。"生命"是说一个机体是固定的，同时又不是固定的。但我们不能因为不能握着"生命"，"运动"的实体，而便谓排中律不适用。有人更以为思想的定律是静的规范。

所以不能对付活动的事实。其实这都是误会。须知思想律本是所谓公理,而公理本是假定。所谓假定乃是指其为方法而言。对于外界本来不必完全相应。但稍有适用处,便可以立得住了。如果没有这些思想原理,则我们便无法开口谈话。而所表示的思想亦将陷于黑漆一团了。所以无论事实上有动的方面,而思想则决不可缺少静的固定的形式。

二、范畴——思想公理,是判断在名学上的基础原理;思想范畴,则是判断在认识论上的根本原理。我们无论何时何地,凡觉察到一物必即可以确定,这个东西都是可以用范畴去解释的。举例来说,如果我们否认时间,空间,数目,性质这些范畴,则我们决不能意想事物之存在。

然而用"范畴"这词似乎尚有问题。因为有许多东西的特性,也许须另寻别的原理来解释。所以,"范畴"这词,究竟用单数抑或复数,是主观的结构抑或客观的结构,或是二者兼有,却都是一个问题。对于这个问题的解答,容下面讨论罢。

三、设准(Postulates)——公理和范畴,各属于判断的名学方面和认识论方面,此外尚有所谓设准。其与公理和范畴的分别并不甚大。现在有三个设准,很值得我们注意。因为没有它们则叙述,说明,和解释都是不可能的。这三个设准便是:(一)充足理由,(二)自然齐一,(三)节约(Parsimony)。且一一略述如下。

(一)"充足理由",是使我们确信世界上事物的发生,不是偶然而来的,是必有理由的。

(二)"自然的齐一",是表示自然界事物,其变化有无限重复的可能性。一件事往往今天如此,明天亦必是如此。如果不是如此的,则据往事而预料将来便是办不到的。科学即依靠此律以预知将来的情形。

(三)“节约律”这个原理,其实就是“奥坎剃刀”。奥坎说:“一切学说,除非是必要的,都不应增多”。科学家所谓“自然最欢喜简单”亦是此义。因为此律使科学简单化,敢于将最复杂的事情抽成最简单的方式。因为这种设准,物理学者才将他们的理论,抽成纯粹的数学公式。但是,须得注意,此处所谓简单,并不是容易了解的意思。

乙 知识的主要类型

一 叙述的知识

上面既已将判断所据的根本原理讨论过了,现在该讨论到叙述,说明和解释。先说叙述的知识。叙述是科学方法的第一步。研究叙述的性质及其必要条件,实即讨论科学的原理和程序。

一、叙述是事实的知识——叙述是将我们观察所及的事物适如其分的记下来,而不是我们理想或希望其如此。简言之,叙述知识不是规范知识,但这不是绝对的。即在最简单的视,听中,都可以由外物引起内界的感情。譬如见高山而仰止,闻兽声而惊恐,二种知识都是一齐来的。但是,由观察而得的丰富经验之中,抽出客观的特色,而无感情的成分,亦是可能的。从别方面说,我们在叙述中所注意的是初性与次性,如大小,动静,样式,和色,声,香,味,而不是第三性的知识如美,价值,目的等。至于这些性质,几多属于物界,几多属于心界,又是哲学上很严重的问题。解答此问题的哲学家，可分为二大对垒：一壁是唯心论，一壁是实在论，但不是我们现在所要讨论的。我们现在所要知道的，是叙述是事实的知识。什么是事实？

二、事实的性质——事实的领域，有时又叫作常识的领域。但是常识似乎超过了事实，而含有说明的意味。一个动物能够有事实的知识，但不能说它有常识。事实是感官知觉的对象，是感，嗅，尝，听，视的与料。

事实的特性如下：

（一）“事实是特殊事物”。一把椅子是一个事实，一座山是一个事实。正义却不是一个事实，说正义不是事实，不是说他不真，无价值，而是说他不是特殊的事物。不是感官知识所能察觉的个体。

（二）“事实必须假定其在知者之外。”无论事实是物或心，都得假定他在知者以外。我们造成理论，我们要用事实；我们教人针对事实。不是说，事实比理论更真，而是说事实更能表示外界真相。

（三）“事实是能测量的。”我们可以估计事实，说他的大小，量他，计算他的运动等。我们若用尺寸或其他测量单位以估计事实，还可以将此事实知识传达于人。

（四）“事实是与其他事实有关系的。”我们叙述事实时将他与另外的事实分离，这完全是人为的。叙述刚把他们分开，而说明又把他们关系起来。吾人在求事实的定律时，即已超出事实领域而求意义了。

（五）“事实是现象的。”这不是说事实只是现象而已。乃是说叙述事实时，不必问事实背后有无实体。因为科学家不管这个问题。换言之，事实之背后是什么，科学家是不追问的。

三、事实的逻辑涵义——事实用了逻辑为其对象，便叫作“词”（Term）。关于名词，有二个重要的逻辑历程，即是“定义”和“分类”。二者是完成叙述的工具，兹不详述。

四、事实知识的心理特质——叙述虽含有高等的精神成分，但感官知觉却是其根本条件。所以当先略论感官知觉。为讨论便利计，可以分为感觉与知觉二者。

在一切经验派和科学派的心理学家之中，都是把感觉和其他的状态，历程，或反应分开的。感觉是主要的，根本的，简单的经验。自原子派心理学到行为主义，对于感觉的研究，变化极大，对于心理学之进步，也有不少帮助。在原子派心理学者，却相信每一官能所生的感觉是最小的最简单的单位。联合起来，乃成观念与概念等等。

其次是构造主义派。他们以为感觉的性质可依其属性而定。即是性质强弱，久暂，清楚，扩延等。性质是感觉的根本特色，而有别于其他心理状态者。如绿色有别于红色，甜有别于酸等。强弱是感觉的强度，如有些药比较其他药更苦之类。久暂是感觉的时间特色，视刺激对象之呈现为转移。清楚是感觉对于远近明暗等差异的属性。“扩延”是感觉的空间特色。

机能派则注重在心理的整个历程，感觉代表整个有机体的一种适应，他不是被动的接受，如联想派和构造派之所说；而是能动的，有目的的。行为主义则以为感觉乃是身体反应刺激的形式。新实在主义者以为“所感觉”的东西，和“能感觉”的历程是一回事，感觉不过是外物与有机体相会合的一种现象。

知觉和感觉不同之处，在于知觉中有观念的特色。其与别的观念作用或历程不同之处，则在于知觉一定有外界的刺激。在人初生时候，也许有纯粹感觉，即是其中无记忆的因子。但在第一刻以后，心的生活便变成为知觉的或观念的了。通常认为知觉是有意义的感觉。他不但能够辨别性质，且能知事物的用处。例如我看见一只表，不但知道他是一些性质如颜色，重量，光泽等的集合体，并且知道他是计时的，值钱的等等。因为知觉中已有推理作用。因为知觉是统一的，因为在神经原之间有协合作用，能使神经得以辐辏之故。

二　说明的知识

叙述所研究的是事实之本身，说明所研究的是事实的上下关系。叙述讨论的是事实的事实，说明则讨论事实的意义。说明的职务，是在发现事实之间的因果关系。因为我们不只是要知道事物在某一时间的性质，而且要知道他通常的性质；我们不只是要知道事物是什么样子，而且要知道他在一类事物中的特质。总之，我们是要知道事物的定律的。

说明之阶段有三：（一）类推，（二）假设，（三）定律。在每一阶段上，理智的活动，已经跳出了当前事实的范围。在每阶段上，都在应用归纳方法，换言之，即由特殊推到普遍。

一、类推——类推只是由一个论断而推到另一个。事实之间倘有相似，我们便可使用类推。所以类推的主要目的，在使观察者注意于现象间的相似之点，依其相似之点以确定普通原理。

二、假设——科学上所谓“假设”，例如星云的假设，进化的假设，原子的假设等，都是经过复杂思想的最后结果，而非最初所预定。至于哲学上所谓心，物，绝对，本体，人格等这些假设，是志在回答“为什么”的问题的。须知科学上的进化，不是一件事体，万有引力，不是一种力量。科学的说明是从具体到抽象。社会学的事实，用心理学去说明；心理学的事实，用生物学去说明；生物学的现象，用化学说明；化学又用物理学说明。最能包括一切的科学，也是最抽象的，是数学。假设的成分愈少，接触现象便愈近，在预料自然和控制自然中便愈有用；在实证上愈确定的，在科学说明上便愈有价值。

唯用论者以为假设乃是知识中的中心要素。假设是创造的智慧的特色。杜威以为假设乃是思想作用的顶点，是他的五步逻辑历程中的第三步。他之所谓反省思想的五个步骤：（一）遇着困难；（二）困难的指定；（三）提出说明或解决；（四）审核观念；（五）实证观念，造成信仰。从问题的察觉到真解决的认识，这二大思想法式，便是归纳与演绎。

三、定律——假设尚未证实，其他的解决也许能说明问题；但假设确能预料或控制事实的时候，假设便叫作“学说。”在假设不仅是有效，而且为其他的学者所公认为唯一能说明事实的时候，便是定律。一个假设既被认为定律，便能指示出现象间的普遍关系。虽然定律之得到，是由特殊出发，而后推到普通原理，但是有很多人却暗中假定普通原理是规定了特殊事实的。以为定律可以是特殊事实的决定者，但是这样解释定律，是玄学的，超出科学定律的概念去了。

三 解释的知识

说明告诉我们的，是叙述中的事物“如何”；解释告诉我们的，是事物“为什么”要那样。在解释中，便达到了哲学活动的第一个阶段。

我们在解释中所注意的，不仅是事实界背后的东西，而且还注意于事实界之关系以及最后实在和吾人的关系。我们只想在这里简略的考察一个解释的理论便是罗哀斯(J. Royce)的。

罗哀斯(Royce)说，接近知识有三种方法：(一)知觉，(二)概念，(三)解释。他承认没有一个哲学家完全限于用一种方法，但就其侧重者而言，可以说柏格森是知觉方法的代表；柏拉图是概念方法的代表；康德是发现知识是知觉与概念之综合的哲学家。在知识的对象是张本，是事物，是共相，是抽象性质的时候，这二种方法便够用了。但是如果对象是你的朋友的心的时候，知觉和概念又如何能够给予知识呢？“解释”便是济二者之穷，而能使吾人得到他人之心的一种方法。“解释”的知识对象，是心，是意志，是目的。

所以人与人间彼此之由解释而了解，乃是社会的基础，解释根本便是一种社会作用。从玄学上看来，解释的宇宙，便是吾人要想认识吾人同类的存在及其内心生活的宇宙。这种历程，是超出于知觉与概念的。

第三章　知识之切否

我们能否知道外物，所见的在心中呢还是在外呢？抑或不在心也不在物呢？这些问题，即是知识之关切性的问题，乃本章所要讨论的了。但这些问题，不能与身心问题混为一谈。因为现在将心当作知者来看。

一、关于知识与外物之关系的学说——关于此种学说中有两个极端派，就是怀疑论与独断论。我们对于怀疑论认为不足重视，不欲加以深进的讨论。对于与怀疑论对立的独断论，也是一样的态度。怀疑论最大的错误，即在他毁坏了自己的立脚点。独断论又过于相信知识能达到实在，以致不能发见错误的存在。怀疑论者对于我们所知的过于悲观，而独断论者又过于乐观。二者都太缺乏了批判的精神。

对于知识与实在之关系这个问题，值得吾人深思考察的是：（一）认识的二元论；（二）认识的一元论；（三）认识的批判论；（四）认识的进化论；前四种学说都有二种形式，看你侧重于唯心论或实在论。即是说，在认识论上，我们有唯心二元论和唯实二元论；唯心一元论和唯实一元论；唯心批判论和唯实批判论；以及唯心进化论和唯实进化论。所谓唯实，即以为知识的对象，独立于能知者；所谓唯心，即以为经验的对象，是有待于被知而存在的。

下面的大纲，可以预示这些学说。但要知道这里所讨论的，限于讲知识与实在之关系的方面，别的方面却未列入。

（一）认识二元论（Epistemological dualism）

a. 朴素实在论（Naive realism）

b. 表象论（Representationism）

c. 人格唯心论（Personal idealism）

（二）认识一元论（Epistemological monism）

a. 泛客观论（Pan-objectivism）

b. 泛主观论（Pan-subjectivism）

c. 中立一元论（Neutral monism）

（三）认识批判论（Epistemological criticism）

a. 批判实在论（Critical realism）

b. 现象论（Phenomenology）

c. 超越论（Transcendentalism）

（四）认识进化论（Epistemological evolutionism）

a. 层创论（The theory of emergence）

b. 唯用论（The theory of pragmatism）

c. 直接论（The theory of immediation）

甲　认识二元论

认识二元论，是说经验有二种特色，其性质与作用，是各不相同的。一种是主观的，一种是客观的。彼此的成分都不相依赖，而有其独立的存在。主观成分构成“心”，客观方面包含“物”的现象。前者是能知的世界，后者是所知的世界。换句话说，二元论者,相信心与物,是独立而不互相影响的东西。至于在认识上,他们最重要的主张是:主观不能认为与客观同一,客观不能认为与主观一体。这样一来,心与物不但作用不同,就是性质也不同了。结果,一切认识论,无论是唯物论或唯心论,在分别能知与所知这一点上面,都是二元论。

一 朴素实在论

朴素实在论,这是普通一般人的见解,以为外界就如我们所见的一样。我们是“心的”,因为我们能觉,能想,能看;外界是“物的”,而且,这些物是独立自存,不为心所左右的。

这种见解,不能满足人类理智的要求。稍加分析,便觉粗浅。常识告诉我们,知觉世界便是真的外界,但是知觉却常常骗我们的。譬如橘子,远见很小的橘子是真的呢,还是近看很大的是真的?黄昏时看见其为灰色的是真的呢,还是白光下看见其为黄色的是真的呢?胃好的时候觉得橘子好吃是真的呢,还是不舒服时觉得橘子无味是真的呢?不但我们自己的知觉各不相同,和他人的知觉也是矛盾的。对于天气冷暖的感觉,月亮的大小等二人以上都不一致,诸如此类的例子极多,都足以证明各人的知觉,受先天性质,过去经验,及教育等的影响,而彼此极不相同。如果朴素实在论讲得通,便不会有错误;则吾人的世界,成为一个变化,矛盾,多方面的宇宙去了。但是,因为知觉是唯一的真理标准,那我们只能说我们视,听,嗅,触,味的对象都是真的,将何以解释错误呢?所以此论是说不通的。

二　表象论

表象论,也就等于说洛克的知识学说。洛克不承认有所谓天生的观念;他以为心是一张白纸,经验将吾人所接收的一切印于其上。知识的来路有二:一是感觉,与吾人以外物;一是内省,与吾人以自知。但二者都为一切知识的来源。在接受印象时,心是受动的,在组成观念时,却是自动的。知识是外物的摹本。从这点看,他似乎是现象论者;但是他确是二元论者。因为他相信有物,也相信有心,再进一层说,他以为外物有一定的特性,即所谓初性,如数目,形相,运动等是也。此外则有次性。次性不是外界的原型,乃是由知觉而起的。洛克以为客观实体不完全如吾人之所见,这是他超出于常识之处。从次性在于心这点看来,洛克是理性主义的和唯心论的,从初性在于外界自然这点说,他又是经验论和实在论的。他以为错误是心的产物,由于联合观念时之不妥当而生。他以为客观实在是不变的构造,这是他得免于怀疑论之处。客观界与主观界如何联结,初性与次性如何结合,洛克承认是不能解决的神秘。

三　人格唯心论

上述二派是偏于唯物论的方面。人格唯心论恰巧相反,以为"心即是张本"(Mind is the datum),这是洛慈(Lotze)最早的宣言,树立了这派的观点。后来何卫森(Howison),瓦德(Ward),梭莱(Sorley),卡耳金女士,邦恩等相续继起,虽形式略有出入,而其根本精神则近似。人格唯心论，实即承继柏克莱之唯心论而来，柏克莱以为上帝是最后的本质，物质不是真实的，共相和法则都由个体概括而来。现在我们所讨论的，是人格论中的二元论。人格论者相信个人经验中的观念和对象是分开的二种实质。要考察经验中任何一种特色，一定要从自我的直接经验出发；但这不是说心与环境是同一的。用布赖特曼（Brightman）的话来说，我们可以单独的经验我自己，也可以推证有外界。人格论者是主观唯心论者。能知之心是一种不能分化为其他实性的本质，他是直接的，私有的，是各人的最后实在。然而，从认识论上说，人格论又是二元的，因为他承认除开自我经验之外，尚有以外的一个世界，虽然是间接的而非直接的；推论的而非直觉的；仍不失为存在。在柏克莱则以为就是上帝。换言之，这个共同世界乃是上帝的作用。

乙　认识一元论

认识一元论，以为知识中的主观和客观，“似乎”是有分别的二物，其实是一体。在认识一元论者看来，二元论使我们落入左右为难的境地去了。他分开了知者与所知，遂不能告诉我们二者如何联结一起；结果，把经验弄成一种神秘的奇迹去了。认识一元论，因此主张观念世界和事物世界只是一个世界；主观和客观是同一的。以客观吸收主观的则为实在的认识一元论，以主观吸收客观的，则为唯心的认识一元论。前者称为泛客观论，后者称为泛主观论。

一　泛客观论

这个学说有二种形式。第一是逻辑的方面，从分析实在的根本特性而言，以为一件事物被察觉或想着的时候，事物之本身是在吾人经验之内的。这种概念有时称为“心之关系说”（The relational theory of mind）。第二，是泛客观论的生物学方面，从实验和观察上，认为心完全是生理的机能。这种泛客观论，便是行为论（Behaviorism）。

一、心之关系说——这种泛客观论，以为所知之物，其本身与知识之内容就是一回事，而我们知道外物不是心的主观状态。这派最主要的代表是新实在论者。何耳特（E. B. Holt）以为心是等于物理世界中一个交切点，在这点上可以把许多的线面交叉起来，于是所见的东西乃显然出现了。这些出显的东西却都是已存在的。所以错误，想像，及记忆，都是客观的，独立于心的，如感官知觉一样。

泛客观论以为认识仅仅是存在于能知的主观和所知的客观之间的一种关系。如知识的对象是定律，原理等，则这些定律原理亦不是理智所创造。所以理智的对象，也不会依心而存在。

泛客观论虽然极欲取消能知的自我，却承认能知与所知间的关系，大半由于个人的注意，选择，与兴趣的活动。大多数泛客观论者，都愿承认“觉得”（Awareness）是经验中不可少的要素。不过，“觉得”的内容，是独立在外的。

二、行为论——行为论，也像心之关系说一样的否认心是任何特别实物的存在。所有知觉记忆，思想以及一切心理历程，都是身体机构的反应。人类一切行为，行为论者只以“刺激”与“反应”二种因素诠释之。所以认识亦不过是刺激与反应的关系而已。

二 泛主观论

泛客观论是将心的活动和心的内容变为物的一种形式；而泛主观论却想将经验中物的特色化为心的性质。泛主观论以为把经验认为心理状态以外的东西，是不可能的。没有一个东西不是存在于能知之心里的。

认识一元论内偏于主观便成了唯我论(Solipsism)。唯我论以为知者不能超于自己的内心经验。这字从拉丁文之Solus和ipse而来，是“只有我”的意思。不过此说在逻辑上是不可通的，在心理学的方法上却亦有相当道理。

三 中立一元论(Neutral monism)

中立一元论者以为经验是一个单位可以用心去解释，也可以用物去解释。心的方面和物的方面，都是同样根本而重要。经验内容之为物或为心，则视其上下联络为转移。如果把经验当作独立于能知活动的，经验便有唯物的色彩。如果经验与能知之心有关系，则经验便是心的状态。所以，经验是中立的，你可以从物理学观点去解释他，也可以从心理学观点去解释他。

中立一元论有时又称为“同一说”(The identity theory)，因为他把心与物的性质认为是相同的；即是同一的本质，可以从二方面去看。罗素虽自称为中立一元论者，却是本体论的。认识论的中立一元论者，要算潘莱（Perry）。他用"心"字表示这二重本质，但他却以为内省与观察所显示的，是不同的二方面。虽然是二方面，却可以互相为用，互相补充。至于詹姆士的纯粹经验说亦有此种倾向。

认识的中立一元论，切不可和本体的中立一元论相混。本体论上的所谓中立，是指一种无特性的实质，是科学分析的最后结果，既不是心，亦不是物。

丙　认识的批判论

认识论上的批判论，是由于不满意于二元论和一元论的学说而来。它之不满意于传统的二元论，不是因为二元论将经验分为二橛，而是因为他们只将经验分为二橛便算了。批判的认识论，以为二元论只是问题的叙述，而非问题的解决。他承认二元论的主要前提，但却想比二元论更进一步，说明经验中心与物的成分是如何联合起来的。对于认识一元论，批判认识论则以为他是未经证实的简单化。将心的成分化为物的，或化物的成分为心的，都犯了武断的毛病。

批判的认识论，可以分作二方面讨论：一是实在论的，一是唯心论的。实在论的这派，是挽近的学说，即所谓批判的实在论。唯心论的这派，即是康德的学说，通常又称为超越论。所有这二派，都是三物一组的。即是说，在知识中有三种要素：（一）是外在的所知，（二）是张本，即主观与客观相会而起的知识内容，（三）是主观的知者。新派与旧派不同之处，在于新派（或实在论）更确定客观的性质;而旧派(即唯心论)更注意于主观的特性之研究。与批判认识论有密切关系的现象论,我们也将在这二派讨论之后加以考察。

一 批判的实在论

美国的戴克(Drake),罗费约(A. O. Lovejoy),蒲拉特(J. B. Pratt),洛杰士(A. K. Rogers),桑塔耶纳(G. Santayana),塞勒斯(R. W. Sellers),斯壮(C. A. Strong)等七人共同做了一本书叫做《批判实在论论集》(Essays in Critical Realism),便是批判实在论的第一声。他们反对唯心论之所谓我们只知道心的内容,亦反对新实在论之所谓我们所觉知的只是物。同时又否认唯心论与新实在论之所谓在知识发生时,所知的对象是在心里的。批判的实在论反对主观唯心论,因为主观唯心论不能说明吾人经验中的"在外"(Out-thereness)。相信主观唯心论,必定要相信"知者"有把经验投射于外界的能力,实际上是没有这种能力的。反过来,他又批评朴素实在论者和新实在论者,以为他们太相信"在外"的感觉性质了。他以为实在论派把心化为只是有选择作用的机括,是错误的。他更相信他对于错误比较其他的现代思想家更有正确的见解。

批判实在论以为知识情境中有三个因素:(一)外物,(二)心理事象,(三)是义蕴(Essence),这个既不是心的,亦不是物的。换言之,他不是一种"张本",是逻辑的实质。我们能够知道外物,就由于"张本"。他们中又有人相信"张本"是一种的存在;姑无论"张本"是现实的存在或潜伏的存在,他是知识的中间者,却是所有的批判实在论者所公认的。能知之心直觉到"张本","张本"又在知者的心中表现出客观上所知的事物。结果,知识是传递的(Transitive),有关系的(Relevant)。所谓知识是传递的,是说能知之心借"张本"由心界达到物界。所谓知识是有关系的,是说物质可以由"张本"给予以性质。外物的性质与"张本"的意义相符合,知识便是真的;外物与张本不符合,知识便是错误的。

二　现象学

与批判实在论很有关系的一种认识论,便是现象学。如果将"纯粹意识"去代替批判实在论的"义蕴",那批判实在论便很像现象学。胡塞耳(Husserl)是现象学的首创者。他相信哲学应有其自己的题材和原理。哲学不是知识的说明者,亦不是知识的判订者。新实在论将经验与心理条件分开,他却更进一步,以为经验是与物及时间关系都分开的。他要研究纯粹意识。他以为哲学的首务应该注意于"体验"及其交互关系。现象学是要取消意识中一切存在的,他把存在当作纯粹意识的特色去研究。他们以为在直觉经验以外的都是不确定的;而直接经验中的因素,则是确定的。纯粹意识的特性是必然的,非归纳而来,因为归纳是有缺点的。直接经验的原理,是普遍的,先验的,是一切科学无条件的预先假设。

现象学者论能知的机括与批判实在论者相似;但批判实在论对于客观实在,却认为更确实而实际。现象学者虽然把纯粹意识与空间的及心理的领域分开,却以为"体验"总与心相联结。其实,现象学与康德的认识批判论有很多共通之点,我们且转到第三种学说去。

三 超越论

批判实在论之所谓“张本”，颇似康德所谓现象界。但批判实在论以为“张本”之组织，是物体的型式(Pattern)所致，而康德则认为现象之安排，是心理主观的作用。康德所讨论的问题是在证明科学如何可能。定律和条理，如何能够加于杂然并呈的感觉印象呢？康德以为这个工作，正足以表证先验的综合判断之可能。康德以为知识有三种官能：(一)是感性；(二)是悟性；(三)是理性。在感性上有先验的格式乃是时空的直观。要有时空，才有感觉印象。我们收受感觉印象，而知道某事实与某事实之关系，都是站在时空上的。在悟性上亦有先验的格式，便是范畴，范畴有十二个，经过这些范畴的作用，心便将事实组织成为有统一性的，可以用自然律去解释。在理性上亦然。便是“理念”。理念是最高的综合能力；由此康德却转到实践理性方面使人类得着信仰与安身立命的满足。

丁 认识的进化论

这个学说在表示演化说对于知识与实在之关系的问题有如何的影响。在这个学说里，有实在论的方面，有唯心论的方面。层创论便是立于实在论的观点；唯用论便是偏于唯心论的方面。层创论以为心受制于自然，唯用论则以为心是自然的限制者，姑无论心是自然的结果，或自然的控制者，总之，这二派都以为在意义与价值上，心是超于自然的。

一　层创论(The theory of emergence)

层创论始于摩根(C. Lloyd Morgan)，依照这个学说，进化是迭层上升的系统，中间有很多层次，心便是最高的一层次。每一阶段不但很复杂，而且比前一阶段更有新的特性，而为下层所没有的。因此，除开包含有物理，化学，生物的原理之外，另有纯粹是心理的特性，而不能以理化等原理去解释的，这即是心。依照这个学说，心既不能产出物来，但亦不能完全等于物的元素。心与物的关系是"会合"(Compresence)。二者在一起的时候，便有经验，因为心是选择某种非心的东西为其对象的。这显然是偏于实在论了。但心既是新产物，则又可用以为自我自由的论证了。

二　唯用论的学说

唯用论是主旨在于以为心有改变自然的性质，使自然与知识的标准一致。心之所以为存在，正因为智慧是进化历程中的一种适应；这种适应与地质学，化学，生物学的适应，初无二致。生物以心为工具。所以心不是无用的副产品，而是维持生命的。人在过去虽是自然的产物，而在未来却又是自然的创造者。他对付目前，便是利用过去的经验，使将来生活更为丰足。他们对于概念和观念之真与否以为须视其对付实际事实的成功失败为转移。

三 直接论的学说

与唯用论有关系的便是柏格森的学说。此说可称为直接论。柏格森与唯用论都相信理智能使吾人控制物界;但唯用论不否认物在自然界中的地位。而柏格森则以为物只是下落运动而已。其与向上运动的生命力是相反的。因此,在柏格森看来,虽然智慧是一种控制的方法,对于人类社会也是有价值的,但却不能洞见真际。只能研究静止的,有空间性的,机械性的东西。真正的实在唯有直觉才能透入。换言之,自然与生命的历程,是瞬息万变的往前冲的,我们要抓住这种真际,唯有用直觉,理智是不能为力的。理智只能研究符号,而符号是死板的,无生命的。所以直觉是开实在之锁的钥匙,只有用他,吾人才能直接洞察自由的,创造的,杂以言喻的精神之流动。不过我们却不能全抛弃理智的努力。因为理性虽是运用符号;符号虽是不变的形式,然我们却可以继续获得新符号,以表示世界常现的新奇。

第四章　知识之标准

真伪的问题,是由知识的情况而来的。因为我们总愿知道,知者的判断是否能够代表所知之物。所以不能不研究这个判分真伪的标准在何点上。

我们说如果一个判断能代表客观的真实情形,则判断便是真的。其实,这种说法,是探求真理的障碍。为真理下一定义还容易,要证明定义却很困难。我们如何知道我们的判断合于事实呢?我们如何能够说经验中心与境的成分一致呢?

在思想史上,关于真理的标准有三大学说:(一)是相应说,(二)是符合说,(三)是效用说。第一种大半是实在论者所主张的,第二种大半是唯心论者所主张的,第三种是唯用论者所主张的。现在且一一述之。

甲　相应说(The correspondence theory of truth)

相应说以为内心与外物一致,或是心里的概念真能代表客观界的情境,便是真知识。然而,这个学说,对于真理问题可说没有帮助。因为问题仍然存在——如何相应呢?

我们可以说,心与物之间有一种相应,或者是在经验的主观方面是清楚的,分明的,活现的,则主客观之间便是相应的。然而,这种标准,是不可靠的,因为我们有些十分错误的观念,也是很强烈而确定的。低能的人,很小的儿童,乃至于幻想者,都有很清楚的观念,但却没有人说他们的观念是正确的。其实,不但不正确,而且是不可靠而危险的。

如果相应是真理唯一的标准,任何人都决不能断定:心影是否真能代表外物。最后分析起来,我们必须假定知识是能诉诸外界的。修正的相应说须采取符合说与功用说,以补充之。证明吾人相信知觉与实物有关,不是不合理的。用全部经验的情形便可以证明。若观念与实物不一致,则观念便不会有实物所有的特性。在符合说看来,观念彼此之一致,便是观念的确实性的表现。在效用说看来,观念帮助知者应付生活情境的效用性,便是观念与实在界一致的表现。

乙 符合说(The coherence theory of truth)

符合说,通常是本体论上的绝对唯心论所主张的。

近来的哲学家如鲍桑暌,伯拉得莱,罗哀斯等依据黑格耳阐发出一种真理说。他们相信真理不仅是在心中的个别事实的摹写。他们和黑格耳一样,以为思想与事物只是从观点上有不同。根本上没有相应与否的问题。自然就是思想,思想亦就是实在。总结起来,绝对唯心论之所谓真理符合说,是说一个观念与其他已经承认的观念一致,即是真的,无论这些已经承认的观念所涉及的是过去的,现在的,或将来的。如果一个观念不能与我们的知识系统相合，那这观念便是假的。但此所谓真假却与普通不同，乃只作“全”与“偏”的意思。就是说，一个无矛盾，一个有矛盾而已。

丙 效用说（The utility theory of truth）

效用说是唯用论者的主张。在他们看来，我们的观念之真伪，是依实用结果而定的。唯用论反对绝对唯心论所主张的真理之超人性质。因为唯用论者是多元论者，经验论者，进化论者，所以反对一元论，主知论和静的真理（如符合说所说的真理）。唯用论者是站在生物，心理和社会学的观点的，所以注重时间，而符合说则大半注重于永久。

但在这二种学说亦有很重要的同点。唯用论（至少是詹姆士）承认绝对唯心论对于那些适合于他们生活的观念是有用的。而绝对唯心论亦承认在个人经验上有结果的亦就是必与系统相合的。

詹姆士，则以为真理情境的令人满意，是心理的。一个观念之真实，不是因为他的作用能与自然律符合，而是他能提高人的道德，审美或宗教的兴趣。在詹姆士看来，一个观念的真伪，大半视个人的气质为转移。因为人类的智慧不能示人以确切的方向，所以詹姆士以为人有“求信之心”的权利。詹姆士说，是“不愿最初的，如原理，范畴等，而只求最后的，如结果，结论，事实等，这个态度，便是唯用论的方法”。“真的观念是我们能证实，能同化的，假的观念则是不能的。”

杜威与詹姆士亦有重要的不同处。詹姆士是为生活而知识，杜威是为知识而生活。詹姆士以为真观念是能解决思想上困难的,杜威则以为真观念是解决环境中问题的。

杜威的工具说是以为观念倘能使我们对于环境重新组织起来,铲除了障碍和困难便为成功,乃是真的。如果不能澄清混淆,除去缺点,那便是假的。

第五章　认识的多元论

认识的多元论是著者个人的主张。本章专述著者个人的主张。前四章是陈述认识论上所有各问题与各种可能的答案。不过因必须为此章预留篇幅，所以前四章不能不尽量简单概括。好在读者只须知道认识论的题材，便可从事深一步的研究。前四章的目的完全是为此章做一个前导的。

认识的多元论（Epistemological pluralism）或称知识之多元说（A pluralistic theory of knowledge）是与认识的一元论不同，亦和认识的二元论不同。我此说既不把能知吸收于所知内，亦不把所知归并于能知中（这是认识的一元论所为的。）我此说却亦不同于认识的二元论，因为他只承认主客的对立，似乎太简单了。我此说当然亦是认识的批判论中之一种。不过对于上章所述的那几种批判论有很重要的异点。例如批判的实在论是三元论，因为他们主张于能知的心与被知的物以外尚有所谓"义蕴"。康德的批判哲学是隐然仍用二分法，因为他把"与料"与"方式"分开，不过后者能层层推进罢了。我的认识多元论大体上可说仍是循康德的这条轨道。但重要之点却有不同。就是我把方式不纯归于主观的立法作用。我不像康德那样以为外界是无条理的。我不像康德那样把"感觉所与"为知识的质料。我主张感觉不能给我们以条理的知识，这虽和康德相同，但条理却不能完全是心的综合能力所产，这又和康德不同了。因此我承认外界有其条理;内界(即心)亦有其立法;内界的立法又分两种,一为直观上的先验方式,一为思维上的先验方式(这一点与康德相似);至于感觉则不是真正的"存在者"。所以我此说有几个方面,因名之曰多元论。

甲 认识的多元论对于感觉之见解

在认识论上任何学说差不多都是以感觉为知识的基本材料。即康德亦有"纷呈者"(The manifold)一语,以为是直观的"所与"(The given)。新实在论则名之曰"感觉张本"(Sense-data)。其不名曰"感觉"(Sensation)而名曰"感相"(Sensum),其故即在想把这个感觉内容认为独立的。本节就想讨论这一点。

在认识的多元论看来,感相虽是"所与",而却决不表示外物。其本身并非在外界的"存在者"(The existent)。但亦非存在于心内。他是一个中间物,而不存在于世界上。这正和所谓"幻相"(Illusion),在性质上差不多。我们常人看花是红的,而色盲的人看去是紫的。其实这样的感觉对于本人都是真的。现在仍用色为例,作进一步的说明。

德莱克(D. Drake, Mind and its Place in Nature, pp. 110—131)所举的例非常有意思。他说一块红绿相间的格子布,你若稍远些看去,必见是一块紫色的布。这就是说红绿两色在相当的距离下可变为紫色。我们又安知其他种色不是这样变成的呢?所以他说所有的其他亦和这个一样都不是真有这个东西;而都是由我们产生出来的。须知既然产生于内的并不是外界所有的,则我们便可以说感觉既不是外物的写照,又不是外物的翻译,乃竟好像有几分无中生有的样子。但紫色虽非红绿两色,然而若没有红绿两色则紫色亦必不能成立。可见彼此之间确有一个相关共变的关系。虽则外界真是什么,我们不知道,然而外物与我们的官觉印象在一定的关系之下确有相关的变化。就是我们的官觉忽然起了变化,则我们必可以说外物亦有变化。只在这个相关的变化一点上我们的官觉与外物仍是相应的。于是我们便可决定感觉的内容简直与外物两样,换言之,即完全不是外物原样;并且我们绝对无由知外物的原样,因为最直接的所与只有感觉。感觉虽与外物截然为二,并不必有所相同;然而其间却有一个相关的变化。所以从这一点而言,我虽主张感觉只是符号,却不是说只是空虚的。我在此处仍愿取实在论的态度。不过完全与新实在论却又相反。新实在论者如伯洛德(C. D. Broad)以为每个感相(Sensa)在本体上都有他的地位;俨然是一个"存在者"。我则以为一切感觉的内容都是"不存在者"(The non-existent)。

德莱克说:凡给予于我们心意上的色相都于存在上不是真有的(The qualities that appear to consciousness are not existentially real)。于此足见批判的实在论确比新实在论进步些。感相之"非存在"于心理学上可以证明,最近阿德邻(Adrian)发见所有的神经传流都是一样,而到了里头乃竟分色声香暖等不同。岂非怪事。现在我于一方面认定感相是不存在者,而于他方面则不能不认这个非存在的感相与其背后的东西有相当的相关变化。认识的多元论于是主张外界的存在不是感相,乃只是这个相关变化。在此处我与路易士(C. I. Lewis, Mind and the World-order)稍有不同。他说:所与只是抽象;没有一个不是织入于经验中,所以决无散立的。他以为康德所谓纷呈者只是一个伪造(Fiction)。他主张没有一个所与而不织入于其时的全经验中,这一点原是十分对的。不过这还是就感相的当前而言,至于其背后的相关变化,其确实性与永久性却远在感相之上。所以认识的多元论主张只在这个相关变化上外界的存在乃能显示于我们心上。而这个相关变化不是质料而却是方式。换言之,所与于我们的不是内容而是条理(即秩序)。再详言之,我们的感觉内容不是所与,而感觉所以变化之故却是所与。这样一说,似与新实在论根本不同。凡实在论认为存在,我则认为非存在。凡实在论认为潜在(Subsistent)我则认为存在。我既只认潜在为存在,则我所谓实在的,用新实在论的术语,便可说只有潜在一种而已。须知所谓潜在只是关系,方式,条理,秩序等等。

若以此说与康德相比较,似稍有不同。就是认识的多元论所主张的是:不是自感相上我们取得材料,乃是自感相中我们取得方式。因为把材料的感相认为是不存在者,是无关重要者,是没有地位者了。或者有人疑心以为若所与而是方式则势必在外界有一个条理井然,秩序分明的世界;我们认识上所以有方式只是由外界映在其上的。我的意思却不是如此。须知外界给与于我们的确是方式,是条理,然而却不是完全的,不是整个儿的。因此我们不必像新实在论那样,认外界是一个系统分明的世界。关于此点便是下段所要讨论的了。

乙 认识的多元论对于外界之见解

外界给与于我们的虽亦是方式,然而却不是一切方式都由于外界而来。新实在论的错误即在于此。认识的多元论主张内界亦自有其方式与条理。现在先就外界的条理而言。

认识的多元论以为所有秩序可大别为四类:一是真属于外界的条理;二是属于认识上的预立方式;三是属于名理上的预立规律;四是经验上总括的结果。这四种各有各的性质与范围,所以绝对不可归并于一。新实在论想都归并于其中的第一者;康德派想把这些都归并于其中的第二者;唯用论(最显明的如席勒 F. C. S. Schiller)想把这些都归并于其中的第三者。全不免陷于错误。所以我老老实实承认各有各的性质,不把他们归并。

认识的多元论承认外界有其本有的条理,不过这些条理却又是十二分难以知道。所以必须细加分析。

我对于这个真的外界条理(Genuine external order)本是十分怀疑。后来我觉得这种条理不是没有,乃确是很少。并且这些很少的却又不是十分显明。因此我们不易知道。我迄今天为止,以为在积极方面有三个,是可以见到的;在消极方面只有一个。亦许不止这三个,但我们却无法去发见他。所以不得已我只说有三个,至于那一个消极的可以说并不是条理,却亦是外界所固有的一种性质罢了。现在我且解释这三个条理,关于消极的那一个且不视为条理,只附在其后而论之。

三个条理是什么?我名之曰(一)原子性(Atomicity),(二)连续性(Continuity),(三)创变性(Creativity)。那一个消极的则我名之曰(四)可塑性(Plasticity)。对于原子性一语在顾名思义上必容易使人误会。其实我绝对不主张外界有如实存在的原子。须知原子论之在物理学等于感觉论之在心理学。他们都以为全体是由部分堆积而成。我名此为零屑论(Mosaic theory or particularism)派。

好像一堆散沙，每个沙粒是硬的实体，是不变的单位。我们于心理方面既不承有所谓感相的独立存在，则我们在物理方面当然亦用不着把原子认为散屑的实质（Pieces of substance）。姑不论原子尚可分为电子，电子尚可分为“波子”（Wave-particle），然而这些只可视为表示外界有原子性而已。须知所谓原子性只是在构造（Structure）上有“原子的”（Atomic）的性质而已。并非说外界确有原子其物。不但没有原子，并且亦没有电子，没有波子。所有的只是外界的构造上有分为若干单位的可能性罢了。原子性只在构造上，而原子电子波子好像是实质的粒子。我以为若充分吸取相对论的原理于物理学上，便不应该主张有这种实质的极微粒子。这样一转移，就把原子性只限于在构造上了。换言之，即没有原子，而只有原子性。再换言之，即没有实质上的微粒子，而只有构造上的分段可能性而已。说明这一层最好是借用怀特海（Whitehead）的话。他说譬如有 A 与 B 两个事点（Event），其间的关系可有四种：（1）A 可以扩及 B；（2）B 可以扩及 A；（3）A 与 B 可以扩及另外一个 C 而不及其他；（4）A 与 B 可以完全分开（The Concept of Nature, p. 75）。这句话中我所注重的只在第四种。前三种在他名之曰 Junction 或 Conjunction，其实就是我所谓的连续性。最后第四种则名之曰 Disjunction，所以亦可译为“可断性”。怀特海的“推扩的抽绎法”（Method of extensive abstraction）就是根据这个可断性而生出来的。例如空间可分为点，时间可分为瞬。这足见空间确有可分性（即可断性），时间亦是如此。总之，我们于一方面千万不可即认空间是集点而成，时间是联瞬而成；然在他方面却又不可不承认空间与时间确有可以分割的可能性。这便是所谓空间与时间上之原子性（Atomic nature of space and time）。不仅空时为然，物质亦然。在物质一方面表现这个原子性的有波子,量子,电子,原子,分子等等,不仅量子电子等只是外界具有一种分断性的表现,抑且甚至于一个东西(即个体),亦都是这个性质的表现。所以原子性一语和“个体性”(Individuality)是没有分别的。说到有机界,一个细胞便是一个具有个体性的东西;一个机体(Organism)亦是一个具有原子性的东西。可见不仅在无机物上有这种条理的表现,即在有机物上亦然。凡是我们的对象属于物质界都是如此。此外,在心理方面,除了纯粹主观始终不为对象以外,凡可以为对象的亦都有这种原子性的构造。这便是所谓“心态”(Mental states)。每一个心态好像是一个单位。于是我们可知:凡是我们的对象,不拘是物质,是生命,是心理,总是都具有这种原子性的条理。哀廷顿有一段话和我的意见一样,现在抄录如下:

> “然则在外界果没有真正的条理么?岂条理只是附在于事物的下层,此种事物由我们认识的立法而变为现象么?我实在不能预言最后的解答是什么;但在现在我们只可说似尚有若干条理可谓在外界上有他的位置。其中最主要的便是原子性之法则。何以这个世界上‘有’之异于‘无’乃是由于有块然的东西如原子与电子呢?这种不连续由何而起呢?唯在现在,似尚没有充分根据相信这个不连续是一个法则为心所立的。其实我们的心对于这种自然界上的不连续,要使其变为连续的知觉亦颇为费力。”(Eddington:Space,Time and Gravitation,p. 199)

他接着又说:“这种原子性的法则似乎不限于物质与电气;如

量子在现代物理学上居重要地位,亦显然就是一个动作的原子(An atom of action)。所以不能责备自然界而说他纵容我们的心对于物质划出分界来。动作是一般认为在真正的外物界中最重要的。但我们的心则以其缺少永久性而把他忽略了。大约可以相信动作的原子性是普遍的法则,而电子的现象或许就是依靠于此。"他告诉我们说相对论出来以后只给了我们一些关于物理界的构造方式之知识,而不关乎其"内容"(Content)。他说关于内容恐怕依然仍是我们的心;他名此曰心材(Mind-stuff or the stuff of our consciousness)。我亦是这样主张。我们只须把上述德莱克的色觉论一段重温一遍便可明了。须知我们所有的感觉都不是外界存在的。所以我们绝对无法知道外界的"内容"。换言之,即在内容上,外物无由进入于我们的认识内。于是有人便以为外物的内容是不可知。我则愿更进一步主张外物本来只是一个构造方式,本不必要有内容。所以一涉及内容便属于我们的心。但这些构造方式固然不是完全属于外物本身的。但其中至少有若干是不由于我们认识的立法所造。这便是我所谓原子性与连续性以及创变性了。我们所以主张原子性是真在外界,换言之,即为真的外物条理,其故只在我们知觉上所以有变化不能不承认是由于外界的背境。至少必须把外物映于我们的变化认为是由于外物自身有可以分开与断立的可能性所致。这种可能性是表示外物所固有的性质。哀廷顿说不是由心的立法所造成,亦就是指此而言。读者千万不可误会,遂以为这个就是外物了。实则我可以说以实质而言,本来就没有外物。以构造与方式而言,大部分的方式仍是属于认识作用的本身的,换言之,即属于主观的。不过即在这些之中乃有若干方式(即条理)是不纯粹属于主观,这就是我们所以把原子性连续性创变性举出来的缘故。

原子性既论完了，请接着一说连续性。其实连续性与原子性是分不开的。我于上文举怀特海的话，说AB二事能互相扩及，且能扩及于第三者C，这便是对于连续性的一个解释。我以为外界的条理固然有分断可能的原子性，然同时必亦有不断可能的连续性。前者是说一个东西可分为若干小块；后者是说虽分为若干小块而依然只是整个的东西。凡一个东西能够成为整个儿的，必是具有连续性。在此处罗素讲得最好。他以为连续是数学上的概念。数学上有所谓"连续的系数"(Compact series)。就是两数之间总有一个第三数，如此以至于无穷。最好的例便是分数(Fraction)。两分数纵使极相近，但其间总可插入一个第三者。(Russell, Our Knowledge of the External World and the Scientific Method in Philosophy, pp. 129—132)这种说明很可以把连续性的特征讲出来。须知连续是存于系列(Series)中的。并且连续性与无穷性(Infinity即无限)是相联的；亦可以说二者本来是一。没有连续而不是无限的；无限的当然必须连续。数学家的连续性概念与无限性概念是从那里来的呢？其实数学程式虽千变万化，而其最根本的基础概念则不外有二：曰单位与连续(或无限)(Unity and infinity)。一切数学都建筑在这两个基本概念之上。柏格森论数的观念亦说得很好。他说：数(Number)可以定义为单位的集合，但亦可以说是一与多的综合。因为每一个数总是一，因为他给与于我们的是一个直觉；但每一个"一"又总可分为多，因为没有一个数不是包含有多数的。(Bergson:Time and Free-Will p. 75)我以为所谓"多"(Multiplicity)就是由连续性与无限性而来的。所以连续性是"多"的基础。数学上的"一"(Unity)是由原子性而成。可见数学在根本上只有这两个基本概念。这两个倘若不是外界所固有的,则数学便没有可能性了。我以为数学虽是一种抽象的科学(Abstract science),然而数学与名学必有不同之点。其不同点似乎是:数学是比较上偏重于这个外界的条理;名学是比较上偏重于范畴与设准的自身间的规律;照我这样主张,反而把数学的地位增高了。

这还是说数学上的对于连续性的概念,此外关于其他方面亦有可得而言的。柏格森在他的《创化论》(Creative Evolution)上痛论生物的"个体性"(Individuality)是不可靠的。他说:"即在有机界,亦是很难决定那个是个体那个不是。这种困难在动物界尤为重大,但在植物界亦是无法免除的。"他这种话是十分有道理的。须知一个生理,他的生存完全倚靠他的四围的质料。他的生存亦就只在这个吸收四围质料的历程中。除了这个历程别无所谓生命。可见没有一个生命而可以自给自全的。群栖的低等生物尤为显著的例。从表面上好像各有个体,而其伪足连络在一起成为一个"群居"(Colony)。在这个群居中各个的营养是互相沟通的,正和一个有机体相仿佛。这种现象足证在生物界很难说生物是有个体的。每一个细胞都有分裂的可能性;细胞而没有了这个能力便变为死物了。所以个体性在生物界并不是如常识所见的那样明切。实在是一个似是而非的现象。明白了这一点便知道即在生物界上个体性是不能不与连续性相并存的。最显著的如生殖,生殖与生命亦不能分的。所以即不在纯粹抽象概念上而在事物上,连续性的存在亦是非常重要。我们从数理上与实物上都可以看见确有连续性,则这个连续性决不能仅仅是我们认识的自立法度。因为他的根基必定是在认识的立法以上。总之,原子性与连续性实是一个东西的两方面。如果原子性是属于外界,则连续性亦必是属于外界。如果原子性是真的条理,则连续性亦必是真的条理。我们只须把上述证明原子性所以为真的外界法则之故应用于连续性便成功了。

第三是所谓创变性。所谓创变性是指有新奇(Novelty)发生而言。设若这个世界绝对没有新奇的东西生出来,则这个世界必定亦没有变化。所以不论如何,这个世界是常在那里变化,这是毫无问题的。学者对于此点分两派意见。一派以无论如何变化要不外乎把旧的材料重新另外组织一下。另一派以为每一个组织在本身必定就是一个新东西。我们虽不必十分详细讨论两派的短长,但我们既不认外界有实质,而只认外界是构造,则我们势不能不取后说。因为第一派是站在主张有微粒子的宇宙本质之地位而说话的。现代思潮既离开了这个微粒子的实质主义,当然使我们不能不承认凡是变化都是有所创新。否则我们势必根本上就不承认有变化。所以我们必须另立一种条理,名之曰创变性,就是这个缘故。至于这种条理所以必为属于外界的理由亦和连续性相同。我们看见有新的东西出来,我们只能说这个东西的认识是由于加以认识的立法于其上,但决不能说所以有这个新奇是纯粹出于我们主观的构造。因此我们必须把新东西所以出来的根由而归于外界确有与其相应者。这个相应者便是一种条理,因为这样的相应亦只在架构上,而不关于内容。于是我们于原子性连续性以外不能不有这个创变性。其实这三个条理乃是连在一起而不能分散的。

以上是专就外界来说其条理,至于我们如何知道有这些条理在外界呢,这个问题仍须在认识论上求解决。我以为外界条理只是映于我们的认识上,正好像戴了眼镜看东西,而必先经过眼镜一样。我们既无法拨除这个眼镜,则我们只有就在眼镜中设法为之分析。就是说:即在眼镜中所现的亦不可说尽属于眼镜自身(主观)。所以我分为两大类。一类是虽经过眼镜而现于眼镜中,然依然不失为仍属于所对的外物。一类是属于眼镜的自身的,换言之,凡是眼镜必具有这些的格式。在第二类又有二种:一种是与知觉有关的;一种是与判断有关的。总之,外物所有的条理是否尚有若干,我们简直无从知道,好像一重很厚的帘幕,阳光射上,不能全透。这三种(即原子性连续性创变性)便好像在这个帘幕上所透入的一些微光。除此以外,实在无法再透了。因为不能再有透入,所以我们对于外物本身全无所知。为便利起见,我们亦可以说除此以外并无所有。读者千万不可把这三个条理合称之为"物质"(Matter),以为这种主张亦有唯物论(Materialism)的色彩。须知近代物理学已经把物质是质料(Matter as substance)的观念打破了,仅把他当为构造(Matter as structure)。我亦主张确没有外界的物质而只有外界的秩序(条理)。就构造而言,我们不能不承认内界有个构造,而外界亦有个构造。这两个构造之交,便生了许多空浮的东西。不过内界构造在我们一方面,而外界构造不在我们方面,所以我们对于外界构造只能知道得很少很少。罗素虽是一个实在论者,然而与我的主张颇有相合处。他亦以为感相是不存在于外界的,不过感相之间倘有变化必可推知其背后的外界亦有变化。除此以外全不能知。(Russell: Philosophy, p. 159, Analysis of Matter, p. 227)因此他以为"性质的知识"(Qualitative knowledge)除去以后,尚余有数量的知识。这个数量的方面他名之曰数量性(Mathematical property)。他以为这种"数量性"是外物所真正具有的。我的意思便稍有不同。我以为这种数量性是充分表示外界根据,但仍不尽是外物的"真性"(Intrinsic character)。因为凡是数量离不了我们知识作用去探求。不过这种所得的知识颇与外界的条理相切近罢了。似乎这一点罗素亦不否认。因此我不把数量性列为外界条理,而只以为数量性乃是根据原子性与连续性以及创变性而来的。

外界的条理映于我们的认识,已如上文所述,好像阳光之透入重帘,透入的实是很少很少。这些稀少的透入便是上文所说的三种条理。除此以外我们实在无法再有所知。所以我以为迄至今日只可以说仅有这三个条理。至于我说尚有第四个,是所谓可塑性,却并不是一种条理。这一点须特别注意不然若把可塑性当为一种条理,势必以为外界确有可塑的可能性了。其实这仅仅是一个负面(Negative aspect)的总称。就是说我们对于外界除若干点(指三个条理而言)以外绝对无所知。这个无所知简直好像与无所接触一样。从这一点上讲,哀廷顿的话真不错。他说:

> "我们足见科学进步愈快的地方,我们的心愈知道凡他所取得于自然界的反都是他所加于自然界的。我们只寻得我们旅行于不知界的足迹。我们建立高深的学说,一个连一个,去说明其原始。而其结果我们只成功了一个事业:就是把留足迹的人们改造了而已。依然都是我们自己的。"(Space,Time and Gravitation,pp. 200—1)

于是我们应得明白:所谓可塑性不是说外物的本身可由我们随意塑造,爱怎么样便怎么样;乃只是说我们得时时修改我们所留的足迹。我们所随意塑造的依然是我们以前自己的痕迹。

关于这一点,唯用论者中席勒主张最多。现在且引詹姆斯(W. James)一段话如下:

“以感觉而言。他的‘这’固然是在我们操纵以外的，但我们对之却可有所偏重，有所注意，则视我们的兴味所在了；且因注重之点不同，遂生出相异的真理。滑铁庐之战役，事情虽是固定，然在英国人看来是成功，而法国人看来便是失败。所以同样的宇宙，在乐观的哲学家谓为天国，在悲观的哲学家谥为苦海。我们对于实在有所说明全依靠我们所加于他的观景。其‘这’是他自己的；其‘何’是由于‘孰’；而‘孰’则由于我们。感觉上的实在与关系（按构造）上的实在都是自己不会说话的。只是我们代他来说话。……一个感觉简直好像诉讼里的委托人，把他的全案交给了辩护士以后，自己却坐在法庭上静听辩护士的陈述，亦不管他所说的对与不对。……至于本存的关系，我们对于他的知觉亦可以由我们自由归类，自由移动。我们可以把他列入一类中或列入另一类中；可以把他的次序自由颠倒。直至我们把他制成系统如名学，几何学，数学等，而这其中的条理与格式却可以说都是人造的。此外我们不仅常由自己的生活而增加新实事于实在界，并且把我们的思想亦加入于已存的思想中。……所以在感觉与关系二方面中只有最小的一部分是不关我们的，但即此小部分亦是立刻就化为我们的了，因为已经溶化在我们中了。……可见若说到一个实在而独立于我们思想以外，这实是很难找的。或许即只是指刚入经验而未得名称的而言。其实这只是哑的，空的；一个极限的概念罢了。我们可望而不可即：因为凡是可即的都是经过我们烹调过的。凡是我们所寻到的都是经过我们涂抹装扮一番的。席勒谓独立的实在只是由我们塑造的一

块素胚，就是此意。”(James：Pragmatism；pp. 245—249)

詹姆士从三点来论，第一是感觉，第二是关系，第三是思想（即真理）。就第三点而言，当然只是人造的制造品。对于第一与第二，他所谓“孰”(Which)是表示选择(Selection)的意思。但凡选择必有被选择的全体：例如今有十物于此而我选择其七。他虽说“独立的实在”(Independent reality)是没有的，然而被选择的全体却不能不算是这个实在。对于十个东西可选择一个至九个，但决不能选择十一个。这不啻说有一至九的“可能的变化”(Possible alternatives)。伯洛德(C. D. Broad)在他的《科学思想》(Scientific Thought)上主张产生说(Generative theory)而不赞成选择说。我则以为在感相(Sensa)上宜采取产生说，在由感相组成经验上则宜取选择说（即詹姆士之说）。所以詹姆士的主张是对的，但只可用于经验之构成而不可用于感觉之构成。感觉既是一种非存在者。不过这种非存在者却又好像有权强迫我们，使我们不能自由，而其实却并没有外界性。至于把他们再编入经验中，织成认识，则确是由于我们用了认识的立法去左右之，消纳之，选择之。所以詹姆士之说还是第二层。若把第一层的感相产生说来补充之，方能完全。这样完全了以后，便可见可塑性是什么意义了。再详言之，即可塑性不是指真的外物可随我们改造而言，乃只是说我们对于我们这两重非存在者（即感觉与思想）得有种种不同的塑法。因此可塑性不是外界的条理之名称，即不是外界条理之一种，完全只是一个负面的概念而已。总之，我们对于外界实是隔了好几重的帘幕。不过幸而由帘幕的稀缝中尚能透入一些。这一些即是所谓原子性，连续性，与创变性。除此以外，任何亦透不进来。所以我说物其自身不是绝对不可知,而却是相对不可知。至于所谓可塑性,这是关于帘幕的事,而不关于外界。

丙 认识的多元论对于认识的立法之见解

我既以帘幕为比喻,以说明外界与我们的关系,现在请即讲这个帘幕。我于此分之为两大类:一是与直观有关的,我大体采取康德学说;一是与名理有关的,我大体采取路易士(Lewis)的态度。现在先讲第一种。

康德于其先验的感性论(Transcendental aesthetic)上主张我们对于一个东西,由悟性辨其为质,为力,由感觉见有色,有碍,此外其广袤性则不能不归之于先验的感性。康德把这种先验的格式分为二,以为一种是在感性上的;另一种是因判断的格式而成的。我的意思亦大体上与此正同。不过以为所谓先验的感性当然是空间与时间。而于此所谓空间时间却不是经验上具体的大小与先后,乃仅仅乎是一个纯粹的格式。在感性上固然必须有此二格式,即在悟性上亦离不了他们。于此有一点,似与康德不同,即须知在悟性上的空时并不是取自于感性上的空时。换言之,我们以感觉而感知外物必须经由空时二个格式,然我们以思想而判断外物亦必须经由这两个格式。康德的错误在以先验感性为先验悟性所凭据的材料。其实先验感性与先验悟性没有材料与方式的分别,乃只是并列的。无须先立一个先验的感性,然后再有先验的悟性以作用于其上。因为近来我们对于空时的观念稍变更了:就是空时不必先成为直观而后再成为概念。若照康德的话来讲,(1)空间不是从经验上归纳得来;(2)一切经验上的东西必须要有空间为其站脚地;(3)空间不是因比较各事物间的关系而籀成的;(4)空间可以无限;可见(甲)空间与事物的性质无关,与事物间的关系亦无关,(乙)空间只是一个格式。因为我们睁眼只看见事物,而不直接看见空间;我们只能拿两个东西的大小来比较而不能拿空间来比较;我们所见的附在事物上的广袤不是无限的。这当然不是一个直接的感知(Immediate aware)。既不是直接所知的便不必名之为直观。可见空时不是由直观而得来的,不过直观却必具有空时二格式罢了。因此我修正康德,以为空时是与直观有关的格式,而不是由直观得来的格式。就是以为就先验的格式而言,有些与直观有关,有些兼及了别,而不必把先验的感性专对所与,把先验的感性变为先验的悟性之所与。这一点是很重要的。

康德既略略讨论了,请再与路易士比较一下。康德所谓范畴只是"纯粹概念"(Pure concept)的意思。在此所谓"纯粹的"依然是指不杂经验而言。路易士对于这一类东西都名之曰"先验者"(The a priori)。但是他的意思是指逻辑上不可缺少的而言,亦是说在名学上必须先有这个东西。他名之曰名学的在先性(Logical priority)与名学上的不可缺性(Logical indispensability)。这样主张便仅在逻辑的范围内。并不关乎是否先于经验,而只是在方法论上不能不把他列为最先。否则逻辑的进程便不能演下去了。可见路易士的意思与康德不同。因为若单纯讲康德的所谓范畴则当然没有什么不同。不过康德把"先验的"一语用在感性上,足见康德的意义要比路易士来得广。我在此处是赞成康德的原义。以为对于"先验者"一语应得有一个确定的训义。试问"名学上必须先有的"是不是即为"认识上必须先有的?"因为所谓不可缺少系指名学而言,但在名学以前,关于直观似乎应还有一种不可缺少的。所以我把这两种不可缺少加以分别,而各谥以一个专名:名前者为名学的不可缺少(Logical indispensability);名后者为认识上的不可缺少(Cognitive indispensability)。后者的实例即是康德所谓的空间与时间。须知此二者即在名学上,并不是直接不可缺少的。在名学上说 A 是 A,便没有多少的空时关系。可见名学上不以时空为不可缺少的,而在认识上则不然。康德分先验感性与先验悟性为二,未尝无故,我亦主张把他们仍旧分开。就是,如空间与时间之类,作认识的先在条件(Preexistent condition)的,可另列为一类;而在名学上不可缺少的则又归为一类。路易士把先验的变为名学上不可缺少的,似乎尚没有看到"超验的"之真正意义。

这个与直观有关的先验格式果是什么?我以为可列举出来的只有三个。第一是空间,第二是时间,第三是能所的关系(Subject-object relation 或称主客关系)。前二种可以合并讨论之,请先论这两种。

我们要讨论空时何以必为先验的格式,仍须以康德为讨论的根据。因为他的论据到了今天依然成立。他说"空间"这种直观是只宿于主观的,他说这乃是主观之格式,他说这是感性在主观方面的条件,非此不能认知外界的东西;他说空间不是属于事物本身的一种格式。他并且说空间与色味不同。虽然味与色都不是外物的本相,但不是必要的条件,然而空间不然。空间是我们感知外物时必要的条件。因此他名色味等为 Modification 以与所谓直观相分别。按此字可译为幻相,即我所谓"非存在者"是了。其实空间亦大可名为"先在的幻相"(A priori modification)以别于经验的幻相(Empirical modification)。因为前者是普遍的(Universal)而后者不然。所以虽同是属于主观，而性质不同；虽同是“非存在者”而性质亦异。康德对于此点可谓发挥得最透切。

至于时间，我们可以拿上述论空间的话一概都用在时间上。康德以为时间亦和空间一样，同为主观的，格式的，必要的条件；不过空间是对于外来的事物，时间是对于内起的情感。所以一个是外的感知（Outer sense）之条件；一个是内的感知（Inner sense）之条件。虽时间是内的感知之条件，然而关于外物之移动与变迁则亦必以时间为先在的条件（A priori condition）。就此一点而言，时间与空间是一样。经验所以有“可能性”完全是靠着他们二个。凡此所论，稍稍读过康德书的人们都能知道，当无须深论。证以近代新物理学上的相对论亦未尝有何不调和处。此处请即一讨论之。

自哀斯坦（Einstein）的相对论出来以后，学者分两派解释。究竟那一派得其真诠，正未易言。一派以为空间与时间结合为一以后依然成一个绝对体，名曰四向的绝对世界。一派以为空间与时间变了相对的以后，当然所谓空间与时间仍不外乎是主观的了。大抵科学家欢喜前说，而哲学家欢喜后说。独有斯墨资（J. C. Smuts）将军说，牛顿主张空时是绝对的，唯一的，而又匀纯的，并是属于外界；康德主张空时是主观的，是格式的，而又是普遍的，并且属于内界；至于相对论则以为是属于内界的与属于外界的相联合而成的一种结构（Conjoint co-ordinate forms belong both to the mind and to things），并且哀斯坦的最大功绩即在把属于内界的与属于外界的设法分开，换言之，即把相对的，幻相的，变化的空时经验而与绝对的，真正的，恒常的空时构造分开为二（Smuts：Holism and Evolution，p. 34）。我以为这句话似乎比较上最公允，而不偏于那一派。平心论之，既认空时是相对的便是承认空时是属于个人经验上的。康德所谓“主观的”本来就是这个意义。乃是指属于知者(Knower)而不属于所知(Known)而言;并不限于各人各样。纵使每一个知者所见皆同,而仍不失为属于知者。所以空时既是相对的便可以说必是主观的。至于在主观的相对的空时之背后以为是否尚有个共同的绝对的空时,亦颇有解释余地。但我以为如果以经验为出发点,则我们只能有相对的,私的空时。至于由一个相对的空时可以换移至另一个相对的空时,这即是所谓罗仑志换标式(The Lorentz Transformation)与佛志葛拉尔德收缩说(The Fitz-Gerald Contraction)公式所表示的了。在我看来,所表示的只可谓个人空间与个人空间间的转移,尚不足谓另有一个共同空间在经验的空间以外。哀廷顿说:“我们所知道的空间只是由物与物的关系而抽象以成,并不是另外一种根本的东西。(Ibid,p. 8)所以他赞成彭因卡来(Poincaré)之空间只是条件说。按所谓条件乃英文Convention之译语。此字真不好译,我暂如此译之。他说空间只是Conventional便和康德所说空间是主观的丝毫无异。至于学者们都说有好几种空间,我以为这是由于把‘空间’这个字使其具有了许多相异的意义。如果空间只指经验上的广袤而言,则决不会有多少种。例如洛百奇斯开的空间(Lobatchewskian Space)与里曼的空间(Riemannian Space)等号称为非欧克立德的空间(Non-Euclidean Spaces),然而皆与我们普通所谓空间迥乎不同。须知此处虽亦用‘空间’这个词但其意义却迥乎与我们经验上普通所谓空间完全不同。数学上的名词与常识上的名词本有不同的意义。因为名词的混淆,致使我们以为空间有好几种,而其实在经验上却只有一种。因此,我主张只有我们经验上的空间可称为‘空间’,其余的一概不可以‘空间’名之,名之为‘连续体’(Continuum)较为妥当。于是我便以为在物界确有所谓‘连续体’,这个连续体的构造亦不限于洛百奇斯开式,或里曼式,或高斯(Gauss)式,究竟是什么,方有待于研究。不过有一点可以决定的:即他却决不就是我们经验上,换言之,知觉上的空间。既然知觉上的空间是各人的,是私的,则其背后所有的‘公的’却未必真是‘客观的’(Objective),不过只是‘转换于各主观之间的’(Transsubjective)罢了。所以我们若以经验为唯一的出发点,则不能遽然下断语,说有一个公的空时而确存在于外界。所有的推测亦只不过由这个主观上知觉的空时可以换到那个主观上知觉的空时而已。我说这句话并不与主张有连续体相冲突。须知连续体当然具有类似空时(Quasi-spatio-temporal)或类似空间与类似时间(Quasi-spatial and quasi-temporal)的性质。但此却不与经验上的空时并为一谈。因为有些学者把时间归并于空间,以为空间有许多的量向(Dimensions)而不必另有所谓时间;又有些学者把空间亦归并于时间,以为空间只是各种时间系统交叉而生。可见空间与时间,倘若离了我们的经验,不在我们的知觉上,则其性质究竟如何,是同是异,正未可断言。甚者亦许这个以外者并不是空时,而是类似于空时的另外一种东西。我今根据这个理由,愿意把空时限于知觉上的,经验上的。至于这种连续体我亦承认确是有的,但其详我们却不甚知道。上文所说的原子性连续性与创变性亦正是关于这个连续体的。就连续性而言,似可说与空间相类似。就创变性而言,可以说与时间相类似。但在我的意思则以为空间与时间虽只是主观的格式,然其背后却又必与外界所有的有些相应。在认识上的空间是与在外界的连续性相应。在认识上的时间是与在外界的创变性相应。但不可有所误会:以为时间就是创变性,空间就是连续性。须知二者绝不相同。在知觉上的空间无论如何只有三量向，且是无边的。而在外界的连续性则不限于三量向，亦不限于是无边的。在知觉上的时间是只有一直线的；而在外界的创变性则必不限于一直线。因此我们决不可把这四个混为一谈。并且时间亦是与连续性相应。奥格登在他的《心理学之意义》(C. K. Ogden：The Meaning of Psychology，p. 216)上说，例如时间，乃系历史的由来，然而却是一个心理的构造物；事件并不是自己发生，乃只是我们去遭逢他(Events do not happen but we happen to come across them)。照此说来，外界只有连续，而却无时间。总之，空间与时间只是认识上属于主观的。换言之，即只是能知者于施行认识时所必须的条件。而于外界仅有相关而决非一致。

时间的性质本和空间一样。亚历桑逗说空间离不了时间，时间亦离不了空间，其缘故是因为没有空间则时间便不能分为过去现在未来；没有时间则空间便不能有重复。因此空间与时间是互相倚靠的(Interdependent)。既然如此，则关于空间的讨论当然可以完全移用于时间。不过在时间以外有一个与时间相类的东西大可以另行讨论。我以为这个就是柏格森所谓的"绵延"(Duration)。柏格森的大误在把绵延即认为是时间。其实绵延只是绵延而不是时间。须知时间只是先后次序。我们认识一件东西时决不能没有先后次序。所以时间是认识上的必要条件。但绵延却不现于认识上。柏格森说我们的"理智"(Intelligence)只能辨时间之两端，而不能知时间之中间。这句话不啻说时间是在认识上的，而绵延是不在认识上的。此外怀特海亦说，他的意见和柏格森一样，不过他愿意改名为"自然之流"(Passage of nature)。他以为这个自然之流亦见于空间，和其见于时间的相同。并且他亦承认感觉知识所能知的只是对于其变化之"间"(Its only chance)。在他的意思固明明以为自然之流不可量,而时间是一个系列,可以量的。在此所谓自然之流正与我上文所谓创变性完全无二。即此亦可见时间与绵延不是一个东西。我们可说绵延是在外界的,自然之流是在外界的;而唯有时间则是在认识时属于能知者的主观的。

于是我们应得讨论主客关系了。在这一点,研究心理学的人们与研究哲学的人们常有不同的答案。而其实我以为是出于误会。主张人类于最初认识时是主客对立未分的有詹姆士。他主张小儿于最初时决不分我与外物。他以为主客之分宁是后起的,而不是最初的。即由一个浑一的所对于其中再分化出主观与客观来。这种主张大部分可以代表心理学者。此外哲学家,在康德以后,如杜里舒(Hans Driesch)即主张必须有主观。在这个地方,我觉得杜里舒的主张是对的,而却并不与詹姆士有多大的冲突。杜里舒之说在他自己名之曰秩序论(Theory of order)。他以为一切秩序都由一个最根本的而出。而这个最根本的却是在认识上的。他表以公式:我觉得有些东西(I consciously have something)。他以为这乃是三位一体的公式(Triune axiom),又称之为根本的事实(The prime fact)。须知其中的"我"是离不开其中的"东西";没有东西亦就没有我。但我与东西尤必须有个"有"来连缀在一起。这个"有"即是"存在"(To exist)之意。质言之,即我与东西共存在而确为一个存在者。我觉得杜里舒此说实在是对的。我相信没有一个认识而不是把能知与所知含括成为一个存在。所以凡是一个认识就自然而然具有主客在其中。心理学家对此有一个误解。上述詹姆士之说即代表此派。我以为须知认识上的主观并不是心理上的自我。自我可以变为所知。至于能知则始终不会变为客观。所以能知是认识论上的概念,而自我是心理学上的概念。二者不可混为一谈。例如小孩子最初看见火便伸手去拿。在心理学家的解释,以为小孩子并不知道火以外尚有一个我,而只是一个火而已。而在认识论上看来,则不然。当他发出伸手的动作时候,便于极不明显中就有个主客的分别。在机械论的心理学,一切都可用刺激与反应来解释。但从知识方面,凡反应都是表示主客的分别。所以我以为主客的分别反而是根本的。至于反应则不过是一种表现而已。

新实在论对此亦有一种误解。这乃是基于他们的"关系在外说"(Theory of external relation)。著者以为关系之种类有在内与在外两种,亦未尝不可承认。这些均非此处所欲讨论。不过有一点则我持之甚坚:就是唯有在知识的关系上决不能用关系在外说来解释。我们或许可以说一个弓与一个箭的关系是在外的。但我们决不可以说我知道这个东西是一种在外的关系。所以我暂时不欲主张完全没有在外的关系,而只以为唯有认知不是在外的关系。新实在论的弊病即在以比拟(Analogy)来说认知:以弓与箭的关系来说明知者与所对的关系。殊不知这个比拟可谓拟于不伦。因为二者性质迥乎不同。须知在认识中能知与所知之关系和在所知中此物与彼物之关系绝对不可比伦。因为认知的关系是杜里舒所谓的根本事实;一切都须由他而出。所以不能用这种比拟来说明他。明白了这一点便知道主客的存在不能用关系在外说而加以抹煞。可以说新实在论的在外关系说与认识论上的主客无关。

这两个误解既除去,则我们于正面的意义必亦可知道了不少。关于这一点,斯披亚曼(C. Spearman)虽自心理学上研究,却有互相发明之处。他对于智力(Intelligence)之基础立有三个根本原则。第一条是凡任何经验必定立即唤起所知与能知之知识。第二条是凡任何两经验同时并呈必定立即唤起对于其间“关系”之知识。第三条是凡任何经验而与其关系同时并呈则必定立即唤起对于其所关者之知识。他的第二条第三条可以不在此处讨论。独有第一条我以为他颇有炯眼。他引伊宾浩斯(Ebbinhaus)的话,以为凡我们在思想上或在感觉上有所经验无不立刻觉有一个经验者贯串于其中。他名此主观曰 Subject-carrier,曰 Experiencor。我想这个意思是很对的。不过我们须有一个声明:就是这个主观的存在却不是显明的,而是暗昧的。我们不自觉有我,而依然有我。所以我之自觉为一事,主观之存在又为一事。千万不可因为我们有时不自觉自我而遂谓没有主观。可见只有客观而未生主观的时代在经验上可以说没有的。有时学者谓有所谓纯粹经验(即原始经验)。其实乃是一种推想,在事实上并未尝有此一境。

以上乃是讨论认识的自立法度,换言之,即是认识上的先验格式。详言之,在认识上凡有直观,其材料虽是感相,然而却必先具有此种格式。因为没有这种格式,则感相虽印在我们上,但不能织成经验。

丁　认识的多元论对于名理的先在性之见解

我们应知上述的先验格式只等于康德的先验感性,所以还是不够。康德既必须另外添上先验的悟性,则认识的多元论于此不能不承认另有一种先验格式是在名学上的,换言之,即在思维上与分别上,而不仅是在直观上的。若问二者的区别在什么地方呢?我敢回答说,其不同却甚大。不仅因为思维与直观是不同的。并且这两种先验的格式在性质上就有不同。一个是认知上的先验格式(The cognitive a priori);一个是名理上的先验格式(The logical a priori)。欲明其故,必先说明什么是“名理”(Logic)。

近来我研究各派的名学,乃恍然大悟,知道实在论派的符号名学亦错了;观念论派的玄理名学亦错了;唯用论派的工具名学亦错了。原来他们先不明白名学是什么。我研究的结果乃知道名理并不是“事理”(Natural structure),亦不是思想的活动。乃是等于下棋时所用的一种规则。不过这个规则和下棋打球的规则稍有不同。就是他并非随意定的。乃有“不得不然”存在其中。至于若问为什么要定这个规则呢?我则答曰:乃是为了要把心内的思想变为表出的思想。详言之,即要把不能告人的思想变为可以告人的思想;要把只有自己知道的思想变成可以当作他人的来看待的思想;要把不清楚的思想变成清楚的思想;要把含凝在心内的思想变成铺在纸上的思想。因为要达这个目的,所以不能不有一种“必然”的方法。这个方法便含有几个根本原理。这些根本原理只是为了达此目的而设立的,却决不能再求证明。我们拿物理学上的“坐标”(Coordinate system)可作一个比喻。例如今有一物于此,我们想知道他是动是静,则必须先划两条线三个点方能测定他的地位,由此才可见其动静。物理学的坐标系有各种,所以我们在名学上亦可有各种系统。要之,这都是人造的。但这样定造却正是闭门造车出不合辙。因为所造者不是具体的东西,乃是一种方法。方法是抽象的,所以倘能应用,便不失其价值。因此我主张于自然界(在外的)与心理界(在内的)以外另有一个名理界(Realm of logic or discourse)。这个名理界既不是事物界的摹本,亦不是心理界的投出。并且这个名理界自有其“本有的规则”(Intrinsic structure)。所有研究名学的人都是研究这个本有的规则。现在为简明起见,就我个人的主张,分两方面来讨论。

我以为名理上的根本原理(即先验格式)有两方面:一为动的,一为静的。静的是一组一组的“设准”(Postulates)或称“范畴”(Categories)亦无不可。动的是所谓“相涵的关系”(Implicative relation)。现在先讲设准。兹举若干以为代表,如下:

第一组

同一——异众(Identity——diversity)

类同——差异(Similarity——dissimilarity, likeness—unlikeness)

一——多(Unity——multiplicity, oneness——manyness)

单纯——杂驳(Simplicity——complicacy, homogeneity—heterogeneity)

第二组

部分——全体(Part——whole)

普遍——特殊(Universality——particularity)

绝对——相待(Absolute——relativity)

完全——有限(Perfect——finite)

第三组

正——负(Positivity——negativity)

有——无(Being——non-being)

主——客(Activity——Passivity)

现实——潜能(Actuality——Potentiality or possibility)

超出——内在(Transcendence——immanence)

第四组

性质——数量(Quality——quantity)

本体——现相（Reality——appearance）

方式——实质（Form——matter）

本质——属性（Substance——attribute）

构造——作用（Structure——function）

质料——组织（Stuff——structure of construction）

精要——偶征（Essentials——accidentals）

第五组

关系——无关（Relation——independence）

因果——相互（Causality——reciprocity）

必定——偶然（Necessity——contingence）

大概——必然（Probability——certainty）

变化——永恒（Change——eternality）

因——果（Cause——effect）

机括——目的（Mechanism——teleology）

有定——自由（Determination——freedom）

第六组

主观——客观（The subjective——the objective）

分析——综合（Analysis——synthesis）

一致——矛盾（Consistency——contradiction）

抽象——具体（Abstraction——concreteness）

第七组

自然——价值（Nature——value）

真——伪（Truth——falsehood）

善——恶（Good——evil）

美——丑（Beauty——ugliness）

《中华现代学术名著丛书》已出书目

【第一辑　四十种】

马氏文通	马建忠
国故论衡	章太炎
王国维文学论著三种	王国维
吴梅词曲论著四种	吴　梅
中国中古文学史 汉魏六朝专家文研究	刘师培
中国文学批评史（上、下）	郭绍虞
甲骨文字释林	于省吾
中国俗文学史	郑振铎
汉语语音史	王　力
红楼梦辨	俞平伯
中国韵文史	龙榆生
汉魏六朝诗论丛	余冠英
台湾通史（上、下）	连　横
秦汉史	吕思勉
中国史学史	金毓黻
史学要论	李守常
中国通史简编（上、下）	范文澜
国史大纲（上、下）	钱　穆
中国史纲（一、二卷）	翦伯赞
春秋史	童书业
魏晋南北朝史论丛	唐长孺
明清社会经济史论文集	傅衣凌
西夏史稿	吴天墀
中国伦理学史（外一种）	蔡元培
新唯识论	熊十力
东西文化及其哲学	梁漱溟
科学与玄学	罗志希
中国艺术精神	徐复观
论逻辑经验主义	洪　谦
九朝律考	程树德
比较宪法	王世杰　钱端升
中国法律与中国社会	瞿同祖
中国民治论	鲍明钤
中国官僚政治研究	王亚南
通货新论	马寅初
中国经济思想史	唐庆增
中国厘金史	罗玉东
北平生活费之分析	陶孟和
论社会学中国化	吴文藻
第四种国家的出路	吴景超

【第二辑　三十种】

目录学发微　古书通例	余嘉锡

积微居小学金石论丛	杨树达
现代中国文学史 （外一种：明代文学）	钱基博
等韵源流	赵荫棠
诗言志辨　经典常谈	朱自清
话本小说概论（上、下）	胡士莹
司马迁之人格与风格 道教徒的诗人李白及其痛苦	李长之
明清史讲义（上、下）	孟　森
国史要义	柳诒徵
中国南洋交通史	冯承钧
通史新义	何炳松
魏晋清谈思想初论	贺昌群
中国救荒史	邓云特
认识论	张东荪
科学方法论　科学概论	王星拱
中国哲学史大纲	胡　适
知识论（上、下）	金岳霖
法相唯识学	太　虚
陈康：论希腊哲学	陈　康
康德的知识学	齐良骥
中国文化的展望	殷海光
中国道教史	傅勤家
监狱学	孙　雄
中国法制史概要	陈顾远
新政治学大纲	邓初民
财政学	何　廉　李　锐
中国之棉纺织业	方显廷
中国田制史	万国鼎
南洋华侨与闽粤社会	陈　达
文化人类学	林惠祥

【第三辑　三十五种】

中国小说史略 （外一种：汉文学史纲要）	鲁　迅
现代吴语的研究	赵元任
古典新义	闻一多
谈艺录	钱锺书
唐诗综论	林　庚
中古文学史论	王　瑶
中国近三百年学术史（新校本）	梁启超
通鉴胡注表微	陈　垣
隋唐制度渊源略论稿 唐代政治史述论稿	陈寅恪
中国古代社会研究	郭沫若
古史辨自序（上、下）	顾颉刚
安阳	李　济
绿营兵志	罗尔纲
东汉的豪族	杨联陞
佛道散论	蒙文通
中国哲学史（上、下）	冯友兰
艺境	宗白华
西方美学史（上、下）	朱光潜
近代唯心论简释	贺　麟
康德学述	郑　昕
历代刑法考（上、下）	沈家本
中国商事法	刘朗泉
中国近百年政治史	李剑农
中国政治思想史（上、下）	萧公权
中国国民所得（一九三三年） （外一种：国民所得概论）	巫宝三

中国棉纺织史稿　严中平
当代中国社会学　孙本文
乡土中国 生育制度 乡土重建　费孝通
滕固美术史论著三种　滕　固
中国古代服饰研究　沈从文
A GRAMMAR OF SPOKEN CHINESE　Yuen Ren Chao
中国话的文法　赵元任
MODERN DEMOCRACY IN CHINA　Mingchien Joshua Bau
中国民治主义　鲍明钤
THE GOVERNMENT AND POLITICS OF CHINA　Ch'ien Tuan-sheng
中国的政府与政治　钱端升
THE POST-WAR INDUSTRIALIZATION OF CHINA, INDUSTRIAL CAPITAL IN CHINA　H.D.Fong
战后中国之工业化 中国之工业资本　方显廷
LAW AND SOCIETY IN TRADITIONAL CHINA　T'ung-Tsu Ch' ü
中国法律与中国社会　瞿同祖

【第四辑　三十种】

中国旧小说考证　胡　适
文心雕龙札记　黄　侃
卢前曲学论著三种　卢　前
孟姜女故事研究及其他　顾颉刚
中国目录学史　姚名达
校雠学　向宗鲁
唐五代西北方音　罗常培
中国文法要略　吕叔湘
清史探微　郑天挺
中国文化史(上、下)　陈登原
中国文化与中国的兵　雷海宗
佛学研究十八篇(校点本)　梁启超
中国景教　朱谦之
德国古典美学　蒋孔阳
神学四讲　赵紫宸
法律哲学导论　居　正
民国司法志　汪楫宝
国际法大纲　周鲠生
罗马法原论(上、下)　周　枏
马克思的政治思想　吴恩裕
欧美各国现行宪法析要　龚　钺
经济史:历史观与方法论　吴承明
从古典经济学派到马克思　陈岱孙
中国历史上的基本经济区　冀朝鼎
中国教育改造　陶行知
平民教育与乡村建设运动　晏阳初
中国教育制度沿革史　郭秉文
COTTON INDUSTRY AND TRADE IN CHINA　H. D. Fong
中国之棉纺织业　方显廷
KEY ECONOMIC AREAS IN CHINESE HISTORY　Ch'ao-ting Chi
中国历史上的基本经济区　冀朝鼎
THE CHINESE SYSTEM OF PUBLIC EDUCATION　Ping Wen Kuo
中国教育制度沿革史　郭秉文

【第五辑　三十种】

词史　刘毓盘

元白诗笺证稿	陈寅恪
上古音研究	李方桂
从诗到曲（上、下）	郑　骞
训诂学概论	齐佩瑢
唐代进士行卷与文学 古诗考索	程千帆
南朝文学与北朝文学研究	曹道衡
先秦政治思想史	梁启超
中国史学通论	朱希祖
隋唐史	岑仲勉
中国地理学史（先秦至明代）	王成组
中国妇女生活史	陈东原
基督教与中国文化	吴雷川
中国天主教传教史概论	徐宗泽
道教史	许地山
论道	金岳霖
文化与人生	贺　麟
寄簃文存	沈家本
中国婚姻史	陈顾远
中国法律在东亚诸国之影响	杨鸿烈
孔门理财学	陈焕章
上海工业化研究	刘大钧
乡村建设理论	梁漱溟
中国经济原论	王亚南
金翼	林耀华
幼稚园教材研究　幼稚教育新论	张雪门
近代中国留学史 近代中国教育思想史	舒新城
THE ECONOMIC PRINCIPLES OF CONFUCIUS AND HIS SCHOOL	Chen Huan-chang
孔门理财学	陈焕章
THE GROWTH AND INDUSTRIALIZATION OF SHANGHAI	D. K. Lieu
上海工业化研究	刘大钧
THE FINANCING OF PUBLIC EDUCATION IN CHINA	Ronald Yu Soong Cheng
中国教育财政之改进	陈友松

【第六辑　四十种】

齐如山国剧论丛	齐如山
先秦文学 中国文学史讲义	游国恩
中国文学批评史（全二册）	罗根泽
中国文学发展史（全二卷）	刘大杰
宋元明讲唱文学	叶德均
晚照楼论文集	马茂元
汉书窥管	杨树达
欧化东渐史	张星烺
西域史地考古论集	黄文弼
中国疆域沿革史	顾颉刚　史念海
先秦诸子系年	钱　穆
古器物中的古代文化制度	徐中舒
中国社会之史的分析 （外一种：婚姻与家族）	陶希圣
唐代长安与西域文明	向　达
古代神话与民族	丁　山
小屯、龙山与仰韶	梁思永
中国史纲	张荫麟
岳飞传	邓广铭
胡惟庸党案考	吴　晗
等不等观杂录	杨文会
欧阳竟无内外学	欧阳竟无
中国佛教史	蒋维乔

这个表仍是随意列举的：第一，分组是完全随意的，并无严格的分别，亦无十分坚强的根据；第二，亦并不限于这数个，或尚有其他。我的目的不过略示一斑，以便于说明而已。读者于此至少可以看见设准的性质是什么了。在实际上并没有一而不能同时是多；并没有同而同时不能为异；并没有正而同时不能为负。可见所谓同异一多正负纯是我们为了解释那个对象起见而立的规范。

然而即在这个表内就可以看见这些设准都有"对偶"；换言之，即每一设准都可以寻得到一个相反者。这一点却不可不算是设准的特性。而在他处则不然。例如空间决不是与时间作反对的配偶。我们往往以空时相提并论，其实不过是一种习惯罢了。空间的性质与时间的性质并不是互相反对的。则这种对偶性可谓正是设准所具有的特征。

根据这个特征遂发生一个极重要的分别：就是"可以替换"。路易士说我们的设准是有好儿套可以替换的。我们可以用这一套设准去解释；对象有时解释起来有些不便利，则便可以另换一套再去解释。所以设准虽总是有效的，然亦是可以替换的。因此一切设准虽是一律有用，从没有失效的时候，但却有便利与不便利或较便利之分。我以为这个对偶性与这个可以更替性便是设准所以属于名理范围的缘故。因为对偶乃是名学上的特征。可以更换即证明其为工具与方法，这些都是人造的。总之设准所以有对偶，就是表示他可以替换，可以变更。在这一点上确是外界的条理以及直观上的格式都不相同。就是因为他们都没有交替性。因为他们是普遍的与必然的。并且是都在一起的。决不能有了空间而无时间，换言之，决不能以时间而代替空间。亦决不能只有原子性而无其他二者，换言之，即不能以连续性替换原子性。所以他们在性质上不能属于名理。

现在请讨论动的方面，即讲涵义罢。我以为这是一切判断之基础，亦是一切推论（Inference）之基础。没有了涵义则任何命题（Proposition）不能成立。因为凡命题都是涵义的形式表示。凡判断，凡推论都是基于涵义。我们普通在名学上所谓思想之三根本律就是（1）甲是甲；（2）甲既是乙即不能为非乙；（3）甲或是乙，或不是乙，必居其一。这三种定律都可以图表之（By diagrams）。在（1）就第一个甲的圈儿永久等于第二个甲的圈儿。在（2）是甲圈在乙圈以内同时在非乙的圈儿以外。在（3）是甲圈可在乙圈内或不在内。总之，都是涵义的关系。我们普通说白鹅是一个鸟，就是把白鹅置于鸟的圈儿内，亦就是使鸟而涵有白鹅。如说鹅是白的，亦然。乃是把鹅置于白的圈儿内，换言之，即使白而涵有鹅。不过这种相涵凡有四种。第一为相等的相涵。即两个圈儿同样大小，例如甲是甲，白鹅是白鹅。第二为大小相异的相涵。如黄种是人，即人的圈儿大，黄种的圈儿小，以大而涵小。第三为部分的相涵。如鹅是白的，白的圈儿与鹅的圈儿只是有一部分相合。因为白的尚有雪，花，马等别的东西；鹅亦有灰色的。第四为相反的涵义，换言之，即不相涵。如水不是火，即是水的圈儿与火的圈儿不相套合。这个不相涵似乎不能归入相涵一类，而实则亦未尝不可。因为不相涵是从相涵中引伸出来的。所以不相涵可归入相涵中而为其一类。

所以我主张涵义是名学之根本。若没有了涵义则逻辑便为不可能了。但不是涵义由逻辑而出，乃是逻辑由涵义而成。我们可以说涵义是逻辑之先在的基础。这个基础不能再用逻辑来分析，来推演，来证明。因为一切分析，一切推论，一切证明必先设有涵义的存在,然后方能出来。约翰孙(W. E. Johnson)在他的《名学》上亦有与此类似的议论。他说名学上有所谓最高原理(The first principles),此种原理只可由理性而得。他以为有三条可以看见。第一是传递律(Transitive Law)。例如若甲等于乙,乙等于丙,则甲必等于丙。第二是相齐律(Symmetrical Law)。例如若甲等于乙,则乙必等于甲。第三是自返律(Reflexive Law)。如云甲等于甲。他因此又立四个原则。我以为他所说的与我上文大同小异,所以不再详引。总之,我们可以把涵义分若干种:第一种是关于他的"传递"(Transition)。这其中就有三个,即约翰孙所举的传递律相齐律与自返律是已。第二种是关于他的"连接"(Conjunction)。其中亦可说有三个。一是连接的;一是不连接的;一个是交替的(Alternative)。第一个例如甲是乙;第二个例如甲不是乙;第三个例如甲或是乙或是丙(即不是乙便是丙)。一共我们得有六个样式,而此六个样式却都是表明涵义。我为清醒读者耳目起见,再把这六个各附以专名列之如下:

一、直接的涵义:如甲是乙。

二、相齐的涵义:如甲是乙,则乙是甲。

三、传递的涵义:如甲是乙,乙是丙,则甲是丙。

四、自返的涵义:如甲是甲。

五、交替的涵义:如甲是乙或丙。

六、不联的涵义:如甲不是乙。

然而在六个以外我们还须有两个,如下:

七、不相齐的涵义:如甲是乙,而乙不是甲。例如云鹅是白的,而白的却不是鹅。这就是乙的范围大而涵有甲,但甲却不能涵有乙。

八、不传递的涵义：如甲为乙，乙为丙，而甲不是丙。例如虎是吃肉者，吃肉者是自相残杀者，而虎并不相残相食。这就是乙涵有甲，丙又涵有乙，但丙却不涵有甲。

以上八式不过表示涵义有种种的变化罢了。现在目的不在详论这些变化样式，而只在告诉读者以无论如何变化，其根本仍只是一个涵义而已。单就涵义而言，我们实在无法发见他是从那里出来的。不得已我们只好把他看为最根本的，换言之，即是认识时，下判断，有分别，成思想，就非先有他不可。他不是后起的，不是假定的，不是制成的。而乃是先验的，基础的。

凡是涵义必有所涵者。所涵者在通常名之曰分子(Term 或 item)。但我们须知涵义中的所涵者不是固定的。说每一个原子在名学上亦和每一个极微(Particle)在实质上一样，都是不变的，这乃是新实在论的谬误主张。殊不知这种原子绝对不能孤立。而仅能在全体中。其所以能成一个个体乃完全出于我们的规定或划定。例如云鹅是白的。"鹅"与"白"其范围都由我们所规定。我们愿意把鹭与鸭都归在"鹅"一个名称之下，亦未始不可。路易士称之为 The definitives。我的意思亦正是如此。我们不仅对于鹅为然，对于白亦可把粉白与灰白等都归在一个名词之下。但我们若不愿意时，亦未尝不可把他都分了出来。这种可以说是"分类作用"(Classification)。而所谓分类只不过是随意划定涵义的范围而已。把甲的涵义范围划得大些则甲便包含有乙。把甲的涵义范围划得小些，则乙便在甲以外了。如橘与枳，如鲸与鱼，我们可说枳就是橘，鲸就是鱼；但我们亦可说枳不是橘，鲸不是鱼。这看你对于橘与鱼所划的涵义大小如何罢了。可见涵义的范围可大，可小，由我们自由划定。既然如此，所涵者便没有固定的形态。我们根据此理可以大胆主张:涵义是不限于依靠于所涵者。

戊　认识的多元论对于经验上的概念之见解

我们既知名理上的“不可缺者”即“必须先有者”是设准(或称范畴)与涵义,但我们千万不可误会这些亦就是所谓概念。认识的多元论于此乃采取唯用论的态度,以为另外确有所谓“概念”(Concepts)。现在亦举若干例如下:

一、最高概念　属于形而上学的

本体(Substance)实在(Reality)物(Matter)心(Mind)力(Force)以及其他。

二、次高概念　属于物理学的

动(Motion)质子(Particles)体积(Mass)力(Energy)蹔力(Inertia)以及其他。

三、次高概念　属于心理学的

觉(Consciousness)自我(Self)人格(Personality)意志(Will)以及其他。

四、次高概念　属于生物学的

生命(Life)机体(Organism)进化(Evolution)以及其他。

五、次高概念　属于名学的

命题(Proposition)推论(Inference)归纳(Induction)演绎(Deduction)抽象(Abstraction)以及其他。

六、次高概念　属于伦理学的

最高善(The summum bonum)自由意志(Free will)不朽(Moral

immortality)以及其他。

以上所列亦不过举例而已;此外所有尚多。如美学上的概念为“调和”(Harmony)等,化学上的概念为“亲和力”(Affinity)等,不胜枚举。须知概念决不是设准,换言之,即概念与设准必有很大的区别。第一个区别所在就是概念是经验的(Empirical)而设准不是经验的。这句话或许有人不承认,而以为形而上学的最高概念亦不是经验的。此处似乎应该加以说明。须知所谓经验的系指由经验而概括之而言;不然,天下那有抽象的共相(Abstract universals)而可经验的道理?于是我们须得更立第二个区别:就是概念必是由概括作用(Generalization)而成,但设准却不然。从这一点上又可引伸出来第三个区别:就是设准是名理上的预设(Logical preassumption)而概念则是推论的结果(Logical consequence)。详言之,即我们于初入手时非有设准不可,而概念则尽可于研究终了时得之。从这三个区别上遂又发生一个最主要的区别:就是在上文已说过,设准只可替换而决不会完全变伪,而概念则可以完全失效,以致完全抛弃。这亦是由于概念只是结论(Conclusion)而设准则不是。预设可换而不会死;结论则因前题与推论之不同可以完全失败。

讨论至此,不能不与路易士所说作一个比较。平心而论,路易士的《心与世界秩序》是现代的一部极重要著述。我对于他所说的很表赞同;只有四端以为不能同意。第一点就是他对于概念与设准之间没有置一个鸿沟以分别之。他自称为“概念的唯用论”(Conceptual pragmatism)。他先对于“概念”一辞下有解释。以为有三个意思,而第三个意思是在名学上。即指一个名词之内包(Logical intension or connotation of a term)而言。似乎他即取这个第三种意思。他说:在经验上我们所对的只是混乱;我们要能左右他和操纵他所以不能不把固定的条理加于其上,于是便寻出其中的若干点用以推测将来。我们所建立的这种分别与连络的格式就是所谓概念。(p. 230)他又说:若是有知识,则必有若干种知识是先验的,即必有若干命题其为真理是必然的,不依靠将来的任何殊特经验。(p. 196)我们从他这些话中可以看出来,他只是分所与与先验的(The given and the a priori)两种,而无第三种。凡是概念都是先验的,于是概念与设准无分别了。他虽有"纯粹概念"一辞,但他所下的定义却与康德不同。他说:一种意义而可以共同于两人心中,彼此互相懂得,而用一个字以表之,这便是所谓纯粹概念。(p. 70)他后来又把"纯粹"一辞去掉,差不多以为凡是概念都可说是纯粹的。我的主张便不然。我以为概念不能包括设准。因为概念有最高级的,如形而上学上的"本体",但亦有最低级的,如日常常识上的"桌子"。须知我们常识上大部分是概念。除了这个桌子,那个椅子以外,凡泛言桌子椅子便都是概念。不但桌子椅子为然,即进一步而说"红的方的桌子""黑的圆的椅子"亦都是概念,因红的方的桌子不止这一个或那一个。可见概念太多,如果概念是先验的,则我们知识中先验的部分(即成分)未免太多了。所以我想概念决不是先验的。概念是由经验上用了设准而总括成功的。设准是为了制成概念而用的。所以概念是内容(Contents);而设准则是条件(Conditions)。若用对于经验之解释来讲,我们可以说概念是由解释而成的(Frominterpretation);设准是为了解释而用的(For interpretation)。所以设准不以自身为对象;而唯有概念是以自己作对象的。因此我们直接知道的只是概念。对于设准虽使用之而却是不明显。并且我以为概念不仅是经验的,由总括而成的,并且只是一种符号

(Symbol)。关于这一点我愿意再申说一下。所谓符号就不啻说是一种“类称”(Class-name)。其中包括许多殊特的东西。但这些特殊者(Particulars)并不必具有一个共同的属性(Common attribute)。只须我们对于这些东西作同样的应付(The similar responce),则我们便可把这些东西总括成一个名辞。关于这一点,我的意思是完全和唯用论(Pragmatism)一样。所以这种类称并不限于代表外物的真正分类,而仍是我们的“自由归类”(Freeclassification)。因此,这些在实际上是“非存在者”(Non-existents)。至于新实在论者谓为“潜存者”(The subsistents)乃是一种误解。照这样说,我们不妨借用樊亨格(H. Vaihinger)的话,把所有概念都认为是“集合的虚构”(Summational fictions)。从这一点上看来,概念决不能是先验的。

尚有第二点的不同。就是他不承认康德所说的经验所以可能的缘故。他说:照康德的话,必是说知识的对象只是现象而非独立的实在,因为我们的感性天然有界限,即在未来亦不能越此界限。而其实此说是不必要的,因为无一经验不在我们的概念解释以内(p. 219)。于是“经验之可能性”(Possibility of experience)一语便失了意义。因为我们无从知道经验本身之界限。所以他说:若问何以能知道在未来的经验上亦必有此界限?则必答之曰:决不能知(p. 220)。可见先验的格式只限制实在而不限制经验(p. 222)。他根据这个理由遂赞成唯用论,以为最后真伪的分别还是以实用与否为试金石。这就是说:依然诉诸经验。现在经验决不保证未来经验。在这一点上他确是比康德要进步些。但我们对于康德亦不可有误会。康德并不以现在经验而保证未来经验。不过以为现在经验所具有的若干基本格式即在未来亦必未能破弃。从未能破弃而言，不啻谓未来经验是受了拘束的。关于这一点，我是赞成康德之说。我以为这正是所以表明外物（所与）与内心（认识）互相独立的地方。路易士于一方面主张所与与识别是两个独立的，而他方面则谓互不受限制。我则以为若所与不受认识的限制，则何以证明所与是独立的呢？所以康德之说未可厚非。路易士所以如此主张仍由于不置设准与概念之分别而生。以概念论，当然现在经验上的概念不能保证在未来经验上没有变化。可见概念是与经验之可能性无关。至于概念以外不能不尚有先验的格式。经验之可能性完全是在于认识的先验格式上。详言之，即任何经验离不了空时主客。所以这些始终是经验之限制，而经验之可能性就是筑于其上。详言之，即在现在就可以保证未来的经验必嵌于这种格式内。因此我主张这个可能性还是有的。

第三点是路易士关于外界的意见。此处他可谓与康德相同。他承认外界本身是无条理的；一切秩序都是对于外界之解释与识别。康德所谓"纷呈者"是否本含有条理，乃另一问题。不过我以为如果外界是绝对无构造的，则必有许多困难。潘坡（S. C. Pepper）教授专作了一篇文章（Categories：in Studies in the Problem of Relations，pp. 73—98）纠正路易士的疏忽处。他列举了许多路易士自己的话，以证明他并不是主张绝对无条理的。在驳正的一方面似乎甚为有力。但其中却亦有误会的地方。路易士说任何概念在当下的一时都可以适用，但须看以后的经验如何，这便须有时间上的延长了。倘使以后的经验竟不相符则这个概念便不能再用下去了。我想这句话很浅显。例如我以为凡力都是不灭的（Conservation of energy），但我后来研究物理现象却有不尽然的地方。可见力不灭之原则在一时是适用的，然却不能保证其永久适用。所以他说实际上没有必然的关联以致我们的知识(经验上的知识)总只是“大概的”(Probable)。在这句话中,潘坡以为就是表明先验的概念而施用于实际上能否成功的一种解释。他以为路易士主张先验的概念用于实物能否有效只看概念所具的性质与外物所具的性质是不是相符合(p. 75)。其实路易士并没有这样明白主张。所以在路易士只认有个可以把概念施于其上的(Applicability),只认这个对象(Object)是超越存在的。不过若是这个对象绝对没有丝毫分别在于其自身,则困难必发生了。因此潘坡说路易士所以如此主张不外乎怕外界一有条理就变为“硬性的”(Rigid)。这句话我想亦是对的。因为外界倘有硬性的秩序,实在无法说明我们对于外界知识之可塑性。但在反面上倘若全无秩序,则势必把我们的世界又完全变为“魔术”了。其实我的意思是赞成这个世界大部分是幻相,然而却不尽是幻相。换言之,即幻相的背后必须有若干的根据。因此我以为外界没有硬性的条理,但却非全无条理。学者的误点往往把外界认为“材料”(Stuff)。其实外界只是在感相的背后,而直接的材料乃只是感相。所以我主张外界亦只是一个“构造”(Structure)。并且这个构造,亦只能在我们内界的构造中见之。除此以外是绝对不可知。我们只有在这个唯一的秩序中设法分析之,知其若干点属于外界,若干方面属于内界。我们的工作只是如此罢了。详言之即只以感相为地基;以为凡在这块地基上造成的亭台楼阁都可名之曰构造(Construction);我们只须在这个构造中分别其某某部分是属于外物的,某某部分是属于内心的。

第四点乃是路易士关于我们知识所以成为共同的之见解。他以为固然是由于我们各人性质欲求等大致相同,然而却亦由于社交的缘故。其实他此说不啻把共同的原由建立于交换意见(Communication)。我则以为此说诚足以补足康德,然却不能推翻康德而取以代之。康德主张有个人同此心的心(Bewusstsein uberhaupt, consciousness in general)。路易士此说不啻不承认有此。实则若照我的分别,各认为一种,不相归并,则依然有容纳康德此说的余地。路易士之说只能对于概念而言。今有一个桌子于此,我认为是桌子,你亦认为是桌子。这自然是由于"社会的"(Social)关系。但我认此桌子时必具有空间,你亦必具有空间。这个"空间"的条件却不能归之于知识交通而生。不得已我们于此仍须主张有个"普泛的心"(Consciousness überhaupt)。关于这一点我以为路易士虽有贡献,但只是补充康德而已。

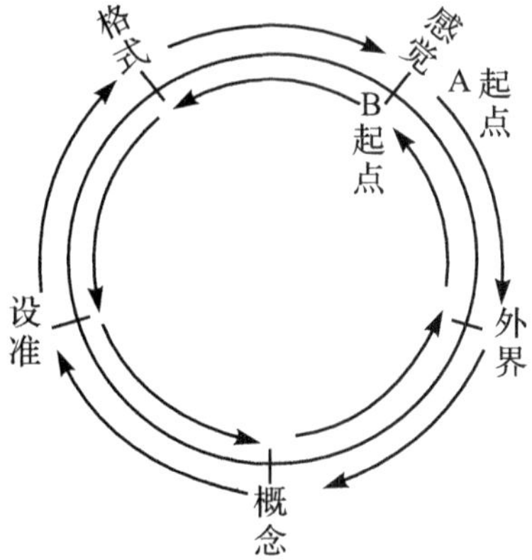

路易士之说与我的主张既已略略比较,请再归纳之。平心而论,讨论认识而于外物的条理,交界的感觉,内界的格式以及经验上的概念本来是一个连环的圈子。不妨列为上图。图中凡以矢形表示的都可作为"还元性"(Reducibility)的解释。就是说感觉可以还元到外物;概念可以还元到感觉。而我以为一切误会亦都由此点而出。须知这样还元下去势必周而复始,永无止期。于是学者便于这不可分的连环中而强分之。经验论以感觉为起点,由感觉而推到内界,由内界再推到外界。实在论以外界为起点,由外界而推到感觉,由感觉再推到内界。唯心论以格式与设准为起点,由此而推过去依然可以转一周为止。总之,他们都想把这个圈子改为直线,于是乃有两端。而在我看来，根本上就不是一个圈子；就不能有所还元。我以为在根本上是五种互相独立的。由感觉不能知外物；由格式不能知感觉；由设准不能知格式；由概念不能知设准。这便是我的主张所以与历来认识论上各种学说不同之故。他们的学说可以名为认识论上的一元论或认识论上的两元论（Epistemological monism or epistemological dualism），而我此说则当名之曰认识论上的多元论（Epistemological pluralism）。因为我承认感觉，范畴，设准，概念各有来源而不可归并。现在为清醒眉目起见，再将四种（除去感觉）列表以明各各的性质如下：

条　理 （Order）	格　式 （Form）	设　准 （Postulate）	概　念 （Concept）
自然的又内在的 （Natural） （Immanent）	认识上超越的 （Epistemically transcendental）	名理上超越的 （Logical transcendental）	经验的 （Empirical）
客观的 （Objective）	主观的 （Subjective）	主观的 （Subjective）	符号的 （Symbolic）
不显明的 （Implicit）	不显明的 （Implicit）	显明的 （Explicit）	显明的 （Explicit）
唯一的 （Unique）	唯一的 （Unique）	可换的 （Alternative）	种种的 （Various）
间接的 （Mediate）	间接的 （Mediate）	直接的 （Immediate）	直接的 （Immediate）
有效的 （Valid）	有效的 （Valid）	有效的 （Valid）	可以无效的 （Invalid）

续表

条　理 (Order)	格　式 (Form)	设　准 (Postulate)	概　念 (Concept)
是构造 (Structure)	是条件 (Condition)	是方法 (Method)	是结论 (Conclusion)
潜在所与中 (Subsists in the object)	与对象同存 (Co-exists with the object)	对付对象 (Approach to the object)	由对象而出 (Derives from the object)

总之,我这个意见在于破除上述的循环论。这种循环论实是对于认识论的一种恫吓。请再详言之,即以色为例。物理学家告诉我们说外界并无色,而只是波幅(Wave-length)。但我们所见的却是色。然则我们以何种可靠呢?试问何以知道色只是波幅?则不外乎实验。实验自身又不会说话。于是必有待于解释。然则所谓波幅只不过解释实验的一种学说而已。我们乃达到同一的结论:就是感觉未必可靠;而理论亦然。所以我们便陷于循环论了:以物界的波幅而说明经验的色觉;又以经验为材料而推论得物理的学说。在前半环,物界好像是如实地存在是硬的与不变的;在后半环上,物界变成了我们思想的构造品,可以改造,可以变化。这就是在说明色觉时以为先有波幅;而在说明波幅时则又不能不诉诸名学,遂变为一种推论的结果。这种循环论实是害人不浅。所以我以为我们若不能打破此关,则认识论就无法再讲下去了。我的打破方法就是把感觉,格式,设准,与条理各认为起点,而不可以其一还元于其他。这便是我所以敢于破除上述循环论的缘故了。

己 认识的多元论对于行为与知识的关系之见解

现在请一讨论知识离不了行为的缘故。我的思想于此是完全赞成唯用论(Pragmatism)。

先从"所与"来讲。唯用论告诉我们说从无如实的所与。凡所与必是夹杂着我们的心理态度。于是最显明的是所谓"旧痕的所与"(Mnemonic given)。如我看见一堆绿色,我便知道是一棵树。因为我曾经见过树是如此的。这一回我虽不必细看,只须有绿色一端来提醒一下,则我的心中自然而然会涌出全树的印影来了。这种联想乃是所谓记忆,亦就是把旧时所印的影象重新提起。在罗素名之曰唤旧的因果律(Mnemonic causation)。这还是属于过去的。至于属于将来又有一种:就是路易士所谓"预见"(Prediction)。因为我们每一个印象无不是预示另一个印象的。假如另一个印象正如我所预期,则此一印象便为正确。例如我说这个东西是橘子,即不啻我把许多橘子所具的性质都加于这个东西上——圆的,黄的,可吃的,甜的,可种的,可嗅的,可送人的等等。等到我拿他吃起来,却觉得苦得厉害。于是我又可以说他不是橘子。可见当我说他是橘子的时候并不必吃过,嗅过,种过。——换言之,即其所有的性质一一经验过。我们普通对于一个东西总是只须经验他的一种性质便可下判断是什么;而这个判断却包括这个东西所有的其他未经验过的许多性质。这便是所谓预见。亦可以说是一种省略的所与,我名之曰 Elliptical given。普通我们看见一件东西大概都是如此。且不仅唤起旧日对于这个东西的经验(自己所亲历的)

并且亦唤起所习闻的对于这个东西的解释。所谓“传说”(Tradition)便是。例如看见闪闪的光,我们知道是雷,而同时亦必觉得害怕。这就是由于想到雷是击人的。所以就所与而言,所谓“所与”乃是一个极复杂的东西。除上述的唤旧与预期以外,尚有知觉与概念之作用参杂其间。例如我们照镜子,我们直接所见的只是镜中的影子,但我们同时却知道他是在镜中的,而不是真的。这便是有知觉与概念参杂于其中。往往乡下人看见了大镜子,至于把头撞破。他的所与依然和我们一样;但我们于此以外还有另外有对于镜子的知觉与折光返照等的概念同时俱来,我们乃不至于碰头。我做一个比喻。譬如小孩子背《诗经》。先生先念一句“关关雎鸠”以提醒学生。于是学生便跟着:“在河之洲,窈窕淑女,君子好逑”等句一连串背下去了。所与对于我们的知识亦是如此的摄取外物原形。关关雎鸠与在河之洲本是一连串。只须一提头便自然接了下去。我以关关雎鸠来比拟所与,则他所曳连的在河之洲等又是什么呢?自然是一串的概念。这个概念中包括有知觉,设准,以及记忆等等。这些概念既不是对外的写真,则其作用在那里呢?我以为这些概念的用处专在于对自己,质言之,即专为知者自己应付所知之便利计而已。所以概念不是对于外物之写真,而却是自己对付外物的行为之总括。每一概念即代表许多的行为。这些行为连络起来成一组。每一组有个总名,便是概念。普通人的意见恰与我此说相反。他们以为每一概念是代表许多外界事物。例如橘子,在普通人以为这个概念是代表许多的特殊者而总括于一个名词下。而我则以为不然。乃只是代表我们对付那个东西的许多态度。这些态度由经验而成。故我名之曰经验态度(Experience-attitude)。就是说又是经验又是态度。所以每一概念只是许多经验态度连缀而成的一组(A set of experience-attitudes)。若换用心理学上的话,即可说是反应之一组(A set of responces)。例如橘子,这一个概念就是代表"可拿的","可吃的","可嗅的","甜的","可以送人的","可以供在桌子上的","可以代表立体圆形的","可以绞成汁的"等行为上的对付。离了这些对付的反应,概念便失了意义。所以概念不是代表外物的符号,而乃代表我们对付外物时许多行为的符号。不仅普通的日常生活为然,即在科学上的概念亦看他的"工作"(Operation)而定。物理学上的所谓"速度"(Velocity),"质量"(Mass)"力"(Energy)"电"(Electricity)等等概念都不外乎代表工作之一组(A set of operations)。这种工作就是实验(Experiment)与应用(Technical utility)。美国物理学者伯赖基曼(P. W. Bridgman:The Logic of Modern Physics)首创此说。他的这个主张与相对论并不冲突。可见我们的一切概念都是代表一组行为。但是这些所以连在一起而成一组却自亦有故。

关于这一点有两个相反的意见。一个以为凡概念都是一个名词,至于这个名词之下所包括的特殊者可由我们随意进出。例如我们以某种四足的动物名之曰马,则凡类乎马的,如驴,可以名为小马;如骡,可以名为高马;如Zebra,可以名为花马。反之,如我们遇着一匹马而比较小些,则我们不称之为马而称之为驴。又如我们若遇着一匹驴而稍微高大一些,我们便可不名为驴而称之为骡。可见名词可随便使用。以符号喻之。如甲概念包括ABCDE等特殊者。我们可以另加FGH等在内,而这个甲依然不变。我们又可以把其中CDE都拿了出来,而另归于一个概念乙。于是乙概念便可以包含CDEFGH。但我们又可把其中EFGH又另立一个概念丙。所以这样下去,其结果变成为每一概念,其中所包含的特殊者并无固定的数目。于是概念便成了一个空名。此即是所谓唯命论(Nominalism)。此外另一派以为分类不是由我们随意为之的,乃系根据于自然界的事实。以为自然界中有所谓自然的种类(Natural kinds)。换言之,即自然界本有各种各类,并不由我们的划分而成。不妨暂名此种学说为实物论(Realism)。须知实物论与唯名论各有其根据。而我的意思则宁愿折中于两者之间。原来自然种类说并不是主张自然界确有那样的种类。不过以为分类的根据是在自然界而不在我们的主观。例如马骡驴三者,我们可以统名之曰马。但骡虽被指为马,而实际上骡所具的各种"性质"却不因为他被名为马而有亏。换言之,即骡的性质并没有改变。可见归类与外界固有性质是没有十分关系。即只能把外界所有的性质移来移去。——或移到这一类中,或移到那一种中。但却不能凭空由无而变为有,亦不能凭空由有而变为无。例如骡本来是不会吃人的,所以从这一点上不能归在虎类中。纵使你硬要归进去,但骡依然仍是不会吃人;断不因此而变为会吃人的了。我想这个主张是不可遽加否认的。就是说我们的分类与归类虽可以随意为之,然其根据却又决不能是完全杜撰的。关于此点尤有一个证明。就是名学上所谓"有限的变化之原理"(The principle of limited variety)。这个原理极易明白。例如今有骰子两枚于此,最小是两点,最大是十二点,无论如何不能比二再少,比十二再多了。这便是所谓有限。至于其中的变化则有三,四,五,六,七,八,九,十,十一。我们掷一回骰子,说不定是三,是四,是五,是六,但总可以说小不过于二,大不过于十二。根据这个原理,我们可以用于事物的种类。例如猫决不能个个一样,有大的,有小的,有黑的,有白的,甚至于有像狗的。狗亦不能个个一样,有大的,有小的,有黑的,有白的,甚至于有像猫的。但猫虽甚至于像狗,然总仍是猫;狗虽甚至于像猫而总仍是狗。这就是所谓有限的变化。换言之,即猫虽有许多许多的变态而仍在猫的一个大类中。这个大类的界限是不可越出的,正犹两个骰子不能有小于二,大于十二,一样。这样无异乎说在外界确有“大量的区别”(Mass-distinction)。就是说只在大量上总有差异(Difference);而在个别个则可以无甚出入。你可把某某像狗的猫归入狗类中,但决不能把所有的猫都归入狗类中。这种区分的差别只是统计上的中率(Statistic mean)。换言之,即只有以统计法求其恒常的中率仍可得之。这句话有正反两面的涵义。在反面不啻说外界并无自然的种类。猫与狗并不是实实在在的两种。不过猫有各种各样,狗亦有各种各样。在二者的各种各样之间可以将其差别排列起来必见是由渐而甚。如果略去其中间的相近的一段,而专拿两端相差甚远的来比较,自然是显为两个种类。但在正面却又告诉我们说,虽则如此,然而我们一切的分类都是在暗中有所根据。可见分类与归类不是完全随便的。不过其根据是不显明的罢了。由前说足证唯名论是有道理;由后说亦足证实在论亦有道理。这样一分析颇足以帮助我们。不过我以为所谓根据不是在外界的自然性质而乃只是我们对付其物的经验态度。我们的经验态度有各种各样的一组一组。每一组是一个新的东西。假使两组相同或相似,则我们便把那个诱起我们这些行为的两个对象列为一类。所以两个东西在一类中不是因为他的固有的自然性质相同,乃是因为我们对于他两个的经验态度相同。例如笔与墨在实际上是很不同的,但我们可以都认为文具,就是因为我们对于二者的态度是差不多的。但在造笔的人与制墨的人,他们的观念却又和我们不同了。所以我们对付外物的经验态度每一组是“唯一的”

(Unique)。虽则如此,然而我们对付外物亦决不是凭空的。例如我们对付橘子是吃;倘若误拿了一块形似橘子的石头来吃,必定把牙齿崩破了。则我们对于一个东西的经验态度便有所谓"符合"(Compatibility)与否的问题发生了。这个符合与否亦就是我们对于那个东西的反应有效与否(Workability)。若是符合的(Compatible)即是有效的(Workable)。换言之,这个问题就不啻问:我们这样对付外物,外物何以有的接受,有的不接受(即拒绝?)这种接受与拒绝(Acception or rejection)岂非与外物本身有关么?对于这个问题一般唯用论者大概都忽略过去。我以为唯用论到此已经达到他的边界了。在此处非吸收实在论不能解决困难。须知所谓接受与拒绝乃依然是表示我们与外物的关系。现在用穆亚的话,名之曰"关系质"(Relational property,见 G. E. Moore, Philosophical Studies; pp. 281—2)。例如我们吃橘子,便是橘子有一种关系质,名曰"可吃的。"我们不能吃石头,则石头之"不可吃"亦正是他所有的一种关系质。我们千万不可把这种关系质认为就是外物(如橘子与石头)的本性。这关系质只是在关系中存在的(Exists in the relation itself)。须知凡关系质的产生必是产生于两个或两个以上的关系者(Relata)以及关系三方面所合成的一个全境(A whole situation)。所以其中之一倘或缺少,或有变化则必影响及于全境,而致关系质亦有改变。因此橘子的可吃必是与橘子的本性有些相关;石头的不可吃亦决不是凭空的。不过我们却决不可说橘子的可吃就是他的本性。我们至多只能说橘子具有一种可能性(Possibility)或某种不可知的性质(A certain unknown quality)足以使我们发生"可吃"的关系质。因此我承认外界决不是绝对无条理的。不过外界的条理却是十二分不显明;乃系在重重的遮盖中罢了。

我的主张虽是一种唯用论,而却与他们又稍有不同。我以为概念(即观念)之构成(The formation of concept)是由于行为我们把许多行为结为一组遂成一个概念。所以每一概念代表一组的反应行为。这种行为的一组,因为由习惯而变为比较固定,遂可以名为一套动作之定型(Behavior-pattern)。每一套的定型只须有一点作刺激就可以诱起其全部。所谓观念之指导作用不过如此而已。其作用完全在重复(Repitation)上。如我初次看见橘子,制成"橘子"的概念;但这个概念之用唯在于二次三次看见橘子时候。——或与橘子相类的东西。若经验无重复,则一切概念皆失其效力。所以概念并不保证未来如何。换言之,即其指导的能力是很有限的,是无把握的。这一点好像唯用论者未尝重视。因此我名我的唯用论为"过去的唯用论"(Pragmatism of the past)。而对于他们则名之曰未来的唯用论(Pragmatism of the future)。详言之,即我主张观念之构成由于效用(Utility),而此效力对于未来并无保证。他们好像是主张观念之真假专靠将来的效用。而在我,则以为观念之构成是一件事;而观念之证实(Verification)又是一件事。再换言之,即过去的唯用论只主张到观念的真假必须视其用于实际有效与否而定为止。却不像未来的唯用论以为我们的认识乃是行为的工具,为了行动而始有。老实说,我们的知识决不是为了行为而产生的,不过不能离开行为罢了。

庚 认识的多元论对于主观能力之见解

康德的批判主义本来就可以说是"多元论的。"因为他不仅承认有一个物其自身在外界，另有一个主观的先验格式在内界，乃还有一个超越的综合能力，即所谓“统觉”（Transcendental unity of apperception）是也。先验格式以外尚主张有综合能力，足见康德还不能完全把“自我”（The ego）抛弃。不过这个自我绝不是经验的对象，而只是一个根底，所以把对象统贯起来罢了。在我的多元认识论则以为我们似乎于理论上无假定有此“统觉”的必要。因为我们每一个“简单的认知”（A simple apprehension）都是一个“整个儿的”（A whole）。并且是一个“连续的整个儿”（A continuous whole）。在这个整个儿之中自具有关联，所以亦可说是 A connected whole。所以我主张认识是对于整个儿之中起“分化”（Differentiation）。而不是把“杂多”统一起来。在康德是先有杂多而后加以综合。在我则先有整个儿而后有分化。所以在康德必先假定有综合能力。因为不先有综合能力便不能把杂多统贯起来。但我们既不承认先有杂多，则当然可以不必先假定有综合能力了。

我此说在表面上看来似乎和新黑格耳派是一样。须知照新黑格耳派的主张，势必为纯粹的唯心论，决不能再承认有所谓独立存在的外界条理。岂非我此说在自身上有矛盾地方讲不通么？我想读者应有此疑问。但我对此亦有一个解释。就是我所谓整个儿的一个认知本来包有“所与”（The given）在内。外界条理是映于所与之中，从认知上讲，本是内在的。所以每一个认知虽是一个唯一的事实，然却不是一个不可再行分析的。我们对于认知加以分析，乃知其为一种合成的产物（Joint product）：其中有由外界映来的条理；有由内界自具的格式；又有中立性质而本不存在的感相。我们只能于事后而分析认识，决不能于未认识以前而创造认识。因此我们不妨毅然决然把超越的综合能力的统觉删除。

这个删除的结果在哲学上却有很大影响。就是把自我在超验界的根底去掉了。我在上文说过,在两头,一是超越的外界,一是超越的自我。外界不可知,而自我亦绝对不可知。外界其自身虽不可知,但其条理却投射于认知上,所以亦可说是相对的不可知,而不是绝对的不可知。至于内界的自我,则除了那些自具的先验直观格式与预立辨别设准以外,别无所有。倘照康德的主张,于这些以外再有一个综合能力,则这个能力似乎在经验界太表现超越的自我了。其结果势必谓外界不可知而内界却是相对的可知。这正和我相反。我以为内界不可知实甚于外界。这样把超验的自我在经验界的根底斩除了,换言之,即把统觉作废了,则我们便可完全自限于经验界。康德所以在纯粹理性一方面保留统觉,原是为了他日在实践理性一方面证明有"理性界"(Intelligible world)。我们今天只讲认识论,不必预留将来讲道德论的地步。所以我们没有主张统觉存在的必要。

总之,认识的多元论是偏重于认识上主客相关的切实与否一问题。而对于主观能力仍取经验的观点不欲假定太多。所以认为统觉说无采取必要。不过有须补述的一点:即认识的多元论虽主张每一认知都是一个连续的整个儿,然却亦不能不承认在这个整个儿中起分化的时候,未尝不是把已有的关系再重新配置一过。这个"重新配置"好像就是综合能力。其实凡对于面前的对象加以辨别无不是发觉其中的关系。且其关系有可断性,可连性;于是便可使原来甲与乙相关的而变为甲与丙相关。这种配置与换置乃是知识的本性。用不着推论太远,以为有一个根本综合能力在其背后,为其根基。要而言之,我于此处亦采取罗素一派人们的态度,不承认分析判断与综合判断在性质上有何根本重大的不同。综合判断既不大异于分析判断，则可见配合换置与关联本是知识的自性，而不必另求其背后超越的原故了。

辛　结论

论述至此，大体已备。现在再作一个总括，即为结论。

一、对于知识由来的问题

认识的多元论以为不宜泛言。知识乃是感相与格式以及设准等"合并的产物"（Joint product）。离了感相无知识；离了格式亦无知识；离了设准亦无知识。但有感相，则其背后必有条理。所以认识的多元论以为理性主义与经验主义之争是无谓的。现在为明白起见，再把这些要素列作一表如下：

（一）属于所与的

a. 直接的——感相

b. 背后的——条理

c. 心理的

（甲）唤旧的所与——联想

（乙）知觉上的所与——预见

（丙）概念上的所与——习惯的解释（Traditional interpretation）

（二）属于自立法度的

a. 认识上是先在的——空时主客

b. 名理上是先在的——各种设准

(三)属于经验的

a. 概念

b. 结果——即是“证实”(Verification)

于是就知识的性质来说,则我们可以有下列的主张:即于此有两个端,而有一段中间。一端是能知的“知者”,他端是被知的“所知”。在二者相连的那一段便是中间。这个中间普通认为没有东西存在,换言之,即好像是空的。所以能知与所知得以直接发生关系。我则以为在这个中间内却有许多东西,换言之,即是复杂的。两端都简单而中间独复杂。并且可以说是半透明的,不是全透明的(当然不是不透明的。)因为这个中间是半透明的,所以能知之及于所知就好像一个光经过几层有色的玻璃,然后再射于外面那个东西的本身之上。我的工作就是分析中间这一段,以明其共有若干层,以及各层如何互相作用。至于两端的背后则完全超出我们的可知界了。于是我们可以说在所知一端有个绝对不可知的外物,又有个相对可知的外界(即所谓原子性等条理);在能知一端有个绝对不可知的自我,又有个相对可知的内界。我们为便利起见,可以把这两个绝对不可知的认为等于没有。这样一来,我们便不必有本体上两元论的形迹了。请再把这个意思以下图表之:

凡在范围以外的,为便利计,可以不必假定其存在,换言之,即可认为没有。于是便剩了一个自己完全的范围,而无待于其外了。——这个范围就是我们的“知识。”

二、对于知识的性质问题

认识的多元论以为知识是极复杂的东西。乃是许多要素混合

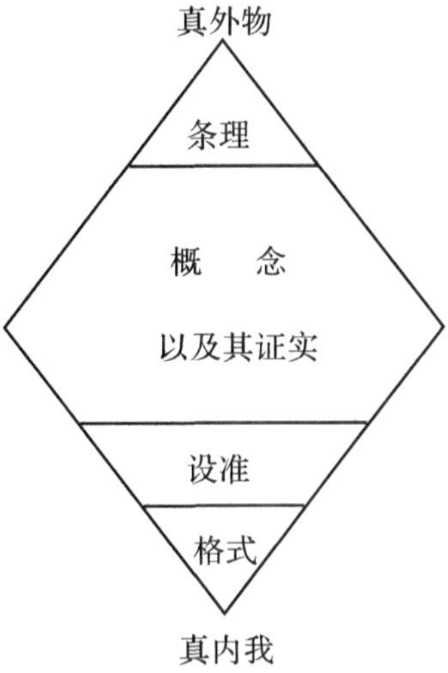

而成。当然就一点来判定,这个问题已经在知识由来一段中讲明白,兹不多述。不过有一点可以声明的:即认识的多元论虽采唯用论之说,却不主张知识是为了行动而始生的。以知识为行动的工具,这是唯用论的太极端处。知识固然与行为不能分离,甚且为行动所限制,但知识的自身却不是为行动所产,亦专为行动作工具。我主张知识与行为有密切关系,而不承认行为可以吸收知识。我此说是关联说,他们的是工具说。二者显有不同。读者务乞注意。

三、对于知识标准的问题

认识的多元论以为相应说与符合说效用说三者可以调合。须知相应说只限于知觉的知识(Perceptual knowledge)。倘使抽象一些而涉及概念与概念之关系,他便失了功用。符合说虽可以吸收相应说,但关于知觉方面却不能把“相应”一点来抹煞。所以符合说虽较相应说为广大,然仍不能完全取而代之。因此我们有保留相应说的余地。至于效用说,亦只限于行为方面,尤其对于未来。这一点和符合说并无冲突。所以我主张把这三个标准合并起来。即详言之,凡一个真理必是在所对上是相应的;在系统上是符合的;在未来上是有用的。倘使只有一个标准适用,则这个真理便不完全。

四、这个认识的多元论对于宇宙论上的贡献

根据上述的主张则在哲学可得下列的结果。

(一)认识的多元论根据上述各义,势必根本上否认“本质”(Substance)。以为本体论上的唯心论唯物论两元论全是不对的。

(二)认识的多元论以条理认为真的外界,则势必谓外界只是空的架构,而无实质。于是在本体论上便成为“泛架构主义”(Pan-structuralism)。

(三)认识的多元论把感相认为非存在者,势必谓感相在本体上无地位,即没有“本体的地位”(Ontological status)。

(四)认识的多元论认直观上有先验的格式,势必谓有所谓“普泛的心意”(Consciousness überhaupt)。这个在形而上学看来,至少可以说心是独立的,不是孳生的。

(五)认识的多元论认设准虽具有工具的性质却仍有其本有的规律,则当然主张这种规律的根据是由于心意有“社会的”性质。所以就感相而言,我们不能问他从那里来的。勉强解释一下,只好是“生理的”。但这仍是一种解释而已。直观上的格式亦可勉强说是“生物的。”至于设准则不能不说是“文化的”或“社会的”。因为他和直观上的格式(即空时主客)所以不同,即在于空时主客是任何知者所不可缺的;而设准则视各种民族的文化而有增加或变化。所以设准是文化的,不能归之于生物的。

以上是归纳各点。下段请再述我对于宇宙观的意见,因为这其间有些关联。我曾在他处说过下列的话:

“我们现在分‘物’‘生’‘心’三种来讨论。第一所谓‘物’究竟是什么？须知大家已公认不就是感觉上的色，香，声，大小等，因为这些是偏于主观的。于是我们所谓物乃是指他的体积，他的蹤力，他的速度等而言。这不啻把‘物’只变为一套物理学上的公式而已。这便 是我们只有‘物理’（Physical law）而没有‘物’（Matter）。或换言之，物即是物理。但须知这些物理都是由‘关系’（即一物与他物的关系）而见，并不直接关于一个物的本身。换言之，即物理只讲物的关系，不讲物的实质。所以质量，速率，惰性，密度等等都是表示关系的样式之一种。至于我们何以能知道呢？又不外乎由于以数理作推算，依然根据于逻辑。当然只是我们在逻辑上推论的所得，并不是直接为感相所印成的。可见这些物理每个即是一个概念。由这些概念合起来再作一个较高的概念，就是所谓‘物’。

现在又轮到讨论‘生’了。‘生’是什么呢？据生物学家说生物有生命，所以异于无生物之点有四：第一是组织；第二是职司；第三是生长的能力；第四是适应的能力。对于这四点却不能完全用物理化学来解释。原来我们以物理化学来对付无机物亦不过对于他的一种测量（Measurement）。我们拿了测量无生物的物理方法而测量生物必觉有些不够用。于是必须于解释物质的概念以外，再添一些新概念。例如‘有机性’，‘发展性’，‘自支性’等等。就是于密度，速率，质量，惰性等以外须再加有这些。不过这些新加的却可左右他些已有的，换言之，即已有的居然为新加的所支配了。

至于‘心’亦是如此。心的性质确有和生理作用不同的地方。换言之，即拿了解释生命的那些概念而用以解释心意必是有些不够用。例如‘觉’（Consciousness）便是一个有一无二的特征。所以亦非另加新概念不可。

总括一句来讲,‘物’是关于物的许多物理概念的一个总概念;‘生’是由关于生命现象的许多特点作成概念以后又总成这一个总概念;‘心’亦是如此。”

我当时的意思是以为无所谓物,亦无所谓生,亦无所谓心。却确有若干的架构(Structure)。如质量是一种架构,密度与速率以及引力都是一种架构。现在照认识的多元论来讲,我以为这些诚然是架构,但不是完全存在外界如实的架构。乃只是以为他是映在我们内界上,即是经过上述的那个中间一段的。换言之,即我们对于这些架构的构成必须把认识上各种格律的作用亦打进了算盘去。我们把密度引力等架构概括之而立一个名辞曰“物”。这个“物”只是一个空名,并没有一个整块儿的存在者与之相应。生与心亦是如此。所以 Entelechy 与 Spirit 这些字可以作废;即 Life 与 Mind 亦都以不用为佳。凡是主张有一个物质,或一个生命,或一个精神(即大生命与大心灵),在我看来,都是误把一个概念当作一个实物。因为我们制造名辞时有一个惯习:就是把本无其物的而变为有其物;把本来是杂多不成一体的而变为一块整个儿的。例如“风”因为有了这个名辞就好像有一个具体存在者,实则不过气流的动而已。又“林”因为有了这个名辞便好像是指一个东西,而其实只是许多的树罢了。可见名辞之误人,害人。唯物论者所犯的弊病恐怕就在此。他们以为有个整块的实质,就是所谓物质。生命论的哲学乃至唯心论亦都是犯了这个弊病。此病不除,在哲学思想上决不会有进步。从这一点上,我的主张既非唯心论又非唯物论更不是生命派的哲学。

我们把物理而代替物,便亦正可把生理(Biological principles)

而代替"生",把心理而代替"心"。就是有物理而无物质;有生理而无生命;有心理而无心灵。这亦就是说一切都是架构,而不是实质。而架构却不是能离开我们的认识。就好像镜中的花,虽然花的形态颜色未必有大亏然,而却是在镜中。

我们于此不可误解为由物质而突创出生命来,由生命而又产生出心意来。其实,没有物质而只有物理;这一套物理学上的定理与公式就是所谓物质,别无他物。但对于生物,我们拿了这一套物理学上的定理与公式来解释他,却确有些不够用。于是我们不能不添一二条另外的定理与公式。至于解释心意现象亦然。便有所谓属于心理学的公式与定理。这只不过是定理与公式的逐渐增加,并不是有什么东西真产生出来。我们拿物理的公式原理譬如ABC,而生物学上原理加上去了便成为ABCDE。这个DE虽是属于生物学,却是不能离开那个属于物理的ABC。于是再加上心理学上原理公式便又成为ABCDEF了。这个F,亦和DE一样,必须连上头的方可以说是"突创品"(The emergent)。穆耿(Morgan)告诉我们说突创品并不作实物的解释,而只是在结构上发生一个新种类(A new kind of relatedness)。可见并没有新的东西发生;不过在旧有的架构上添了一些新的"成分"(Constituent)罢了。每一新的成分加入旧的全体中去,便使这个架构的总体改变为一个新种类。这些意思都是突创的进化论的根本要义。由认识的多元论看来,这个新种类亦只是一个新概念而已。概念不纯是外界的映入。依然含有内界立法的作用参与其间。不过其背后的根据却不能有几分归于外界。因此所添加的是什么,却不限定。亦跟着我们的思想而有变化。可见外界条理之映于我们依然是很少而已。总之,我们这个宇宙并无本质,只是一套架构。这个架构的构成不是完全自然的,而必须有我们的认识作用参加其中。因为我们不能拨开认识以窥这个架构的本来面目。但这个架构在认识中虽非本相,然而亦决不十分大亏其本性。所以仍可以说宇宙是个架构。

多元认识论重述

本文曾载东方杂志第三十三卷第十九号，乃系病后所写，匆匆完篇；不甚洽意。嗣后自阅觉应增加者尚有多处，唯以课忙致搁置未果。王云五先生发起为张菊生先生寿诞征文。苦无以应。因将此文复检查一过。凡有未足者悉为一一增入。以视原有者约多三分之一。虽不为新作，然亦非敢将旧稿充数，想菊生先生必能有以谅我也。

民国二十五年十月三十日于北平西郊吉永庄王氏圃中新筑

一

我在五年以前，作了一篇文章，题目是“条理范畴与设准”。在这篇文章中，我提出一个认识论上的主张。我自信这个主张是前人所未言。因为中国哲学向来不注重知识问题。在中国，以前自是没有像我这样的主张本不待言。然即在外国，以我所知，亦没有和我一样的议论。我虽不敢说是创见，然至少我可以自白确有些是我自己想出来的。不过我所创造的地方不在于其中那一点是由我作古，而在于把那些相关的各点综合在一起便成了一个从前未有过的整个儿东西。换言之，即我此说之所以为新不在其中的任何一部分而只在于各部分间的配置与综合。因为综合是新的,所以其所得的结果亦可说是新的。

我这篇文章后来改名为“认识论上的多元论”,列入我与门人王光祥所共编的《认识论》中。后来又承友人张中楹译为英文。友人中遂有许多人注意了,因此就有几篇批评的文章。我又把这些文章汇集起来,交给门人詹文浒,由他再编成一个单行本。定名为“多元认识论及其批评”,在世界书局出版,(二十五年五月出版)。本文是重述,所以凡在那本书中的叙述法一概更换。希望凡只看见本篇而未看见那本书的人务必再要取那本书来看一看。我的主张大体上并无变更。不过因为西方学者著论往往有“重述”(restated)之例,现在即仿效之,以成此篇。但亦有些地方是比以前稍加补充。所以仍希望已经看见过我前作的人能在本篇中获得进一步的了解。

本篇的叙述法是以比较为骨干。就中尤以与康德相比为主要部分。有时因康德而兼及其他。

二

我此说在大体上可以说是“修正的康德主义”(revised Kantianism)。所以大部分与康德相同,尤其是在趋势上是采同一的方向。先说第一点,关于趋向的罢。

我于此处是跟着康德的方向来走。就是把认识论来“居首”(primacy)。因为传统的哲学是以形而上学居首,必先有形而上学然后方有知识论,道德论以及宇宙论等。自英国的洛克把知识问题提出了以后，康德乃把旧的形而上学（即所谓独断的形而上学）打死了，却又从新由他的认识论另指示一个新的形而上学之可能的途径。可以说由洛克到康德，把这个"居首"问题确定了。所谓居首就是"在先"的意义。详言之，就是以研究知识为第一步工作。这个工作不必有所等待。其他工作却必须等待这个工作作完。可以说这是预备工作。不经过这个预备工作决不能贸然进入于哲学本部的研究。凡读过康德的书的人们都能知此义，故不再细谈。

我在以前的那篇文章内曾提出一个名词，曰"方法论上的认识论主义"。于此所谓方法亦就是指居首而言。即**以认识论居首为方法**。但这样的方法却发生很重大的结果。就是势必致于以认识论代替了形而上学。这一点在哲学史上可以说是康德的最大功绩。

不过康德虽以认识论代替了形而上学，然而后来却在认识论上开了一个后门，于是形而上学便又可以在一个新的领域中成立了。只须看他后来又作两个《批判》便可证明。所以苟把康德的三个《批判》合观起来，我们可以说他并不完全是把认识论来代替形而上学，乃只是把认识论作为形而上学的"序论"或"前奏曲"。在这一点我的主张便不甚相同。康德在其《纯理解性批判》中所采的态度自然是以知识的限界而把超越的形而上学推翻。但在后两个《批判》中却又从另一方面开了一条活路。所以我以为康德对于认识论与形而上学的关系依然取传统的见解：即形而上学是在认识论以外。我于此处却不然。我把形而上学中的本体论根本上完全取消。而仅留有宇宙论。**不过这个宇宙论却就隐隐约约宿于认识论中**。这就是说，我们研究人类的知识即大致上可以窥探宇宙的结构。因为宇宙的结构虽非完全呈现于知识中，然至少二者有若干的相应。所以我们即根据在知识中所呈现的宇宙结构可加以推论而扩大之,便成为一个宇宙论。因此我的认识论同时乃就是一部分的宇宙论。换言之,即同时就是一部分的哲学。再详言之,即依我此说,认识论不是替哲学开先路,乃是认识论中即含有哲学(形而上学)。这是我与康德不同的所在。这个不同乃是根据于学说内容。因为康德的认识论中预留了新的形而上学可以发生的地位,而我此说则是自足的,没有余地留给别的,读者看了下文自可知道。

三

康德所以预留形而上学的余地于认识论之尾乃系由于承受洛克以来对于感觉的见解。须知康德最注重的是"统一"与"综合"。他把判断认为是一种综合作用。而把"知"又即认为是判断。因此他不得不假定有"材料"以供统一之用。照我们看来,他这样依然是离不了把"心"分为二:即一方面是取自外来的材料;而他方面是一种综合这些材料的"能力"。这个能力与材料的对立便是洛克以来的传统说法。于是又不能不首先假定这个材料是无条理的,是杂乱无章的。因为把"综合"完全归于能力一方面了。则在材料一方面本身上便不能再有综合与统一。所以材料不能有条理,即不得不是杂乱的。犹如我们看见一幅图画,当其但见红的绿的黑的白的时候,这便是所谓"杂多"(manifold)。等到你辨别红的是花,绿的是叶,白的是背地时候,这乃是综合作用的"审辨"(understanding)施其能力于其上。于是由材料与能力的对立又转成杂乱与统一的对立。并且因为杂乱是外来的，而统一是主观的。又再转成为“外与”(given)与“内赋”(innate)的对立。凡此都可以说是在不知不觉中承受了洛克的传统。我们现在若借用怀特海的话，便可说这是一种“两橛论”(Bifurcation theory)。

我的主张则以为首先应该抛弃这个两橛论的成见。近代心理学已早证明感觉不是独立自存的了。詹姆士对于这一点论述尤为精辟。不但他是如此，即现代全局派(Gestalt School)亦有更进一步的证明。例如柯勒(Köhler)即打破刺激对于感觉的恒率。所以在心理学上，以感觉为材料而构成知觉之说，到今天已几无人再承认了。不过这样的论调却是由心理学而出发。我们研究认识论固然亦当取材于心理学。然而认识论却不必为心理学所限制，所决定。所以我虽亦是反对这样的两橛论，而却不限于根据挽近心理学。我以为研究认识论应得首先决定一件事：即所谓“认识论的观点”。什么是叫做认识论的观点？这依然是根据我所谓的“方法论上的认识论主义”。详言之，即是以认识论作为一种独立的研究；而在这个研究上以认识为起点（即出发点）而不以其为终点。何以言之？即不先从心理学入手，亦不先从形而上学入手，更不先从名学入手。而直接从本身入手。把所谓“认识”即认为是唯一材料是“起码的事实”而不是其他科学所得的结论。这样的态度我名之曰认识论的观点。但须知这样的观点并不是完全排斥心理学名学与形而上学，只不过以为不宜以这些科学为出发点而已；至于有借助于这些科学之处仍不妨尽量采取之。

我之所以反对材料与能力的对立与杂多与统一的对立即因为我认为这样乃是采取心理学的观点，而不是认识论的观点。倘使取认识论的观点，则我们只须率直承认“认识”这个事实就行了。

至于这个事实是怎样一回事则须待分析后方可明白。不必在尚未十分细研究以前而遽然对于这个“基本事实”而又假定其以前的状态如何。所以两橛论是犯了假定太多之弊。这是我与康德不同的地方，其影响与意义却足以牵动我的多元论与康德学说之全部。

四

康德因为把综合看得重，所以主张有三个层次。第一个是在直观上的综合，即所谓空间与时间之格式。第二个是概念上的，即所谓范畴。第三个是所谓“理念”(Idea)。康德于此颇具匠心。就是由一个综合作用由直观起一直统一起来而至最高的想像为止。可见他是在杂多的材料以外。主张有一个层次推进的综合能力。而所谓“统觉”的根据就是在此。我的意见却不如此。直言之，即康德对于认识的能力虽亦有多元论的痕迹，而其多元是层次的。我之所谓多元却是平列的因为我只是分析这个所谓认识的根本事实。在这个事实中发见其各各不同的成分。因为不是层次级升的，所以即用不着主张有个统觉。

既不要统觉则当然就牵涉到“自我”的问题了，须知自我问题是在心理学上居多，而在认识论上却可以不必去讨论。因为认识论上只须承认有所谓“主观”就够了。但主观却不就是自我所以我们可以承认主观而同时主张废弃自我。其故似可借用康德所分别的两个名词，即 transcendent 与 transcendental，以说明之。前者译为“越绝的”，后者译为“超验的”。前者是说在经验以外，永不入经验的范围，而我们居然却又能知之。康德认为这是不可能的事。

至于后者不过是说在经验中有非经验的要素,而这些非经验的成分依然必须潜存于经验中,不可分离。我们拿此二者的分别来讲自我与主观,则可见自我是越绝的,而主观是超验的。即一个永远在经验外,而另一个却依然在经验中。因此我们便可以主张自我是无必要的。而况我们苟对于自我加以研究,必发见自我乃是"后来构造成的"(later construction 此乃斯太司 Stace 的用语)。詹姆士所谓"经验的我"(empirical self)即是指此而言。所以在原始,只是所谓主观,而这个主观却不能变为对象。一旦主观变为对象了,方有所谓"自我之觉得"。这乃是后起的。因社交的关系和身体的关系等等而造成。因此我们在认识论上可以不必讨论这个自我问题。纵使讨论了而亦未必能得多少帮助。因为如果主张自我就是主观,以为主观是自我的显现,这便是把自我置在主观的背后。这样主张本是常人的想法。但上述的心理学的想法则与之相反。即不把自我为根本,而以为由主观所造成。须知这两种说法——一个主张自我为根故有主观,一个主张自我是后起的与造成的。——本是很难判分那一个为真理那一个非真理,我们在认识论上似乎采取心理学上的说法比较常人的想法来得便利些。所能比较的不过这个便利与否而已。实无真理可言。这乃是一种不得已的办法,学问上这样的不得已办法正多,我们亦大可不必因此而短气。

五

以心理学来讲认识论,我名这样态度为"心理学的进路"(psychological approach)。另外一种是以名学为进路的。我以为认识论可以取材于心理学而却不可由心理学以进入。同样,认识论不能离开名学,但却亦不可纯由名学为出发点。上述的自我问题便是一例,用以证明认识论与心理学的关系。现在请讲认识论与名学的关系。

康德在其第一《批判》中的超验分析一编上所讲的“范畴”即是属于名学范围。不过康德的伟大处却在于先讲“超验的感性”。所以他不是以名学来认识论,乃是以认识论来讲名学。我以为就名学来说,在名学范围内,以认识论来讲名学似不可。但在认识论范围内,当然不能以名学来讲认识论;若牵涉到名学问题,依然仍以认识论的立场去讲之为宜。这便是我与康德采同一态度的理由。

不过关于他所讲的范畴,我却未能同意。第一须知康德的十二范畴是根据十二种判断的名学格式而成的。现在不避冗长,将其列于下表:

判断格式及其例		范畴与其名称
量	单称——此甲为乙	单一性(一)
	特称——有甲为乙	多数性(多)
	全称——凡甲为乙	总体性(全)
性	肯定——甲为乙	实在性(正)
	否定——甲非乙	否定性(负)
	无限——甲为非乙	限制性(界)
关系	断言——甲为乙	本质性(体)
	假定——若丙为丁则甲为乙	因果性(因果)
	选定——甲或为乙或为丙	相互性(关系)

样态	概然	——甲将为乙	可能性(可能)
	确然	——甲为乙	现实性(现实)
	必然	——甲不能不为乙	必然性(必然)

我们于此便可见康德是因为有了十二个范畴,然后再配以十二个判断的格式。这实是十分牵强的。德国学者往往大欢喜整齐。例如黑格耳于每一个高低概念之下必再分为三个低级概念。正是受了康德的影响。须知这样爱好整齐却必致有失于真际。所以我们不必以判断的格式来讲范畴。然则范畴究竟是什么呢?

康德把范畴与普通概念置有分别。他以为普通概念是由事物的属性抽出来而成的,至于范畴则是对于事物作解释时所用的**条件**。这一层我亦是如此主张。康德主张在直观上有先验的空间与时间二纯方式,遂又以为在审辨上亦有此类先验的。不过我以为此类范畴之有先验性似乎与在直观上的不尽相同。所以于此所谓"先验的"必与在空间时间之直观上的"先验的"其意义总须有些不同。我于是把"在先的"(a priori)一语分为多种。有些是在直观上的;有些是在名学上的;有些是在方法上的。决不可把这些混为一谈。康德的缺点即在于对此未分别清楚。须知**直观上必须有先验的,而这个先验的乃是一种格式名学上亦必须有先在的,而这个先在的乃是一种基本原则方法上自亦须有先在的,而这个先在的则只是些假定的标准**。各各的内容既不相同如此,则其为"在先的"之性质自亦不会绝对相同。倘我们用"先验性"(priority)一语来表明之,则必见:方法上的先在的不是真正有何先验性。乃依然是经验的。

须知康德所谓范畴就是我所谓"设准"。但通常又把范畴即认为是"概念"。因此一班人对于"概念"(concept)与"设准"(postulate)亦不置分别。而以为设准不是概念中比较上最抽象最根本的而已。例如"白"之下固然有"深白""灰白"等,然其上则有"色"。但"色"之上仍有"性质"。何以见得"性质"是设准,是范畴,而"色"必为概念呢?由"白""黑"抽象而成"色"之概念;由"色"与其他"硬""软""方""圆"等等更抽象而成"性质"之概念。性质不过更抽象更高级的概念而已。其与"色"之概念只能有程度高低之分,而并无性质上之不同。此说已成挽近的通说了。但我则以为只见其一未见其二。我固然承认设准与概念并无十分大的不同。不过却有些区别,不仅是程度上的差异。至少我们可以说:设准本来就是概念,但却于其为概念以外尚另具一种性质原来没有人主张设准不就是概念。不过只主张他比普通概念却多具有另外的意义。例如普通概念"桌子"与"电子",却就与所谓概念而兼设准的"因果"不同。"因果"当然是一个概念,不过却另有一种功用。就是不必于事前,先证明凡事必有因果,而我们尽可用因果以观察事物。当我们这样用因果以观察事物的时候,于此所谓因果不是一个结论,乃只是一种假定,换言之,即只是一种暂用的工具或尺度而已。所以和普通概念,如桌子与电子,便不相同了。因为桌子决不能拿来作为假定与工具之用。正由于桌子是把各种性质总括而成的一个东西,不是一些东西的条件。由此可见:概念与设准的不同就在于设准本身虽亦是概念,但却另有"工具的"(instrumental)与"方法上的"(methodological)之性质。于是便变为"条件"(condition)而不复是"东西"(entity)了。在这一点上唯用论者讲得很对。比康德要进步得多。我就是采取他们的主张。就中席勒(F. C. S. Schiller)尤为明显。他把这些设准名之为"方法上的假设"(methodological assumption)又名之曰"方法上的拟构"(methodological fiction)。其说详见于其新著 Logic for Use 第八章。至于“拟构”一层却系出于德人樊亨格(H. Vaihinger)。此人本系研究康德的专家。其说当然是由康德推出来的。所以唯用论者此种主张依然是导源于康德,不过他们却能青出于蓝,不可不算进一步。席勒以外,便是路易士(C. I. Lewis)。他的贡献似乎是在于他以为这些都是社会的,文化的,与民族精神的,而与文化思想的进步相俱以变化,却不是人类普遍的。关于这一点,我是非常同意的。所以这些设准,例如因果等,不是纯粹在经验以先的,乃只是在方法上不妨先如此假定一番而已。其性质和归纳法上所用的“臆说”(hypothesis)颇相近。所以不同者只是臆说是一种说明或解释或理论,而设准则是条件,或方法。总之,关于这一点我们不能不把康德所说加以改正。因为他把这些设准即认为“名学方式”(logical forms),实是一个大错误。读者请看下段自会明白。现在要声明一句:即于此所谓设准是我自己的定名。普通对于这一类概念则向来名之为“范畴”。乃是继承亚里斯多德的遗绪。即康德亦然。我则以为范畴一语不及设准(是英文 postulate)来得轻松。且容易把“假定”(presumption)之意含蓄在内。所以我把他们凡称为“范畴”的却一律改为“设准”,希望读者注意,便可免去误会。

六

根据上述的话,我们便可知道人类的心理中在对事物的认识上却有一种半经验半先验的设准。因为设准是不见得完全不借助于经验,所以我们于设准以外,似乎尚可主张另有真正不借助于经验的。这就是所谓“名学之基本律令”(basic law of logic)或称之为“名学之最初观念”(primitive idea in logic)。这亦是我所起的名称。因为普通只名之为“思想律”,而无“基本”字样。我觉得在意义上似乎不充足,且容易使人误解。关于这一点,我在前作上用“相涵”(implication)来总括一切的名学方式。后来牟宗三君又提出二分法。我亦觉得二分法与相涵应得并存。现在把他的话抄录一段于下:

“逻辑意义的根据在那里?于何处显之?其根据可作如下的表示:

一,二分原则之设立:人类思想中先验地有是非之分;

二,同一原则之设立:人类思想中先验地有对于自身之肯定;

三,拒中原则之设立:人类思想中先验地有或是或不是之肯定;

四,矛盾原则之设立:人类思想中先验地有不能既是又不是之否定。

由此四原则可以引出以下三个原始观念:

一,否定作用,同一原则代表“是”,代表“肯定”,此否定作用便代表“非”,代表“否定”。

二,析取作用:析取即表示二分中所函的交替性选择性;因为有此交替性选择性,故拒中矛盾两原则始能表示。

三,函蕴关系:这是两命题间的包括关系,它可以使推断成为可能。逻辑意义必根据推断始能表示。

以上四个原则三个观念无非表示两种根本东西:(一)二分原则是根本的;(二)推断关系是根本的。同一,拒中,矛盾,否定，析取，都是解析二分原则的；函蕴关系则根据二分原则以关联一切原则使推断成为可能。逻辑意义就根据这两种根本东西而成功的。如果二分原则不能表示意义，则逻辑意义根本不能成立；如果函蕴关系不能先验成立，则逻辑意义根本不能表示。由二分原则我们可以得出真假值。并可以得出真假值之间的关系；由函蕴关系我们可以知真假值之间的关系之联带关系，可以使它们一个跟一个都能成立。”

这一段话我完全同意。所谓推断关系，就是命题间的相涵关系。牟君把“是”与“不是”的二分原则加入于相涵关系中，使其本来是合在一起的却可作分别观。这一点比较上是精细的。我们应得采纳其说。（但有人以为二分原则不能包括尽净，必须于“是”与“不是”以外，再容许有“不定”。然而我则以为这个三分法亦可为二分法所含摄，故二分还是比较上根本些）。

就名学上讲，自是讲到此为止，不能再追问了。因为这些名学的基本律令已是最根本最原始的了，不能再向上溯。但我们若肯超出名学范围，或从心理学，或从认识论，或从形而上学，却未始不可再进一步以求其故。并且可把“名学究竟是什么”这个问题亦可连带作一个哲学的说明。我在前书中有一个附录，题为《关于逻辑之性质》，就是对于这一点略抒所见。我们须知名学所涉的范围只是限于所谓“符号的思想”（symbolic thinking），即以符号（即言语）来表示的思想。此外能思想的生物，如人类，却另有所谓“前逻辑的思想”（pre-logical thinking）。我曾采用柏格森（Bergson）的说法，以为这个有符号的思想就是展开在空间上的思想，即所谓“空间化的思想”（spatialized thought）。既是名学只限于此，则可见名学的范围并不如以前一班哲学家所想的那样广大。自从符号逻辑盛行以后,这个情形更明白了。名学几乎变成了一个蹴牛角尖了。愈研究逻辑愈不能解决哲学的问题。就是因为愈离哲学的问题远了。最近德国卡拿帕(Carnap)一派(英国有A. J. Ayer)可为此派代表)即想用一种新奥康剃刀,把许多问题认为不能成立。其实这就是由于观点不同。若从名学观点以看哲学当然有些问题不无可议,但却无法禁止人们从哲学的观点以看名学。果尔则名学自身就生了问题。我愿说一句笑话。记得前人有两句剃头诗是:请看剃头者,人亦剃其头。其情形正与此仿佛。某甲可以拿名学来扫除一下哲学;某乙自亦可拿哲学来拷问一下名学。

现在且不说题外的话。须知这些名学的基本法则只可名之为"名理上的在先者"(The logical a priori)便和上述的设准是"方法上的在先者"(The methodological a priori)却不相同。康德不但忽视了这些基本原则,同时却把我所谓的设准当作了名学上的基本原则。这实在是一个大误。不但二者之为物不相同,且二者性质亦不相同。详言之,即这些原则之所以为先验的乃只因为在名学的意义上是在先的。却并不是说直接得之于直观,而不加思考。所以这种先验的是和直观上的先验的又不相同。我在前作上曾名此一类的东西为"范畴",现在我觉得这个名称不妥,所以取消了。

七

现在就要接着讨论"直观上的先验者"(The a priori in intuition)。这一点可谓完全是康德的真贡献。他所说的就是空间与时间。但后来学者却没有人以为空间时间是在直观上的了。我以为他们实是忽视了康德的真义。原来空间时间可作各方面来研究。例如下列各说：

(甲)把空时当作关系(space and time as relations);

(乙)把空时当作属性(space and time as properties);

(丙)把空时当作凭藉(space and time as mediums);

(丁)把空时当作架构(space and time as structures);

(戊)把空时当作范畴或概念(space and time as categories or concepts)。

在这些说法中各有各的观点。姑举一例，如以空时当作架构，便是从宇宙论的立场来说的。至于康德，他是专从认识论上来说。他只是把空间时间当作格式(space and time as forms)。须知把空间时间当作格式并不含有不许空间时间亦同时是架构之意在内。亦许你从另一方面来看，而说空间时间同时又是架构这并无十分大冲突。不过在宇宙架构上的空间时间却决不能和在认识上主观格式的空间时间即为同一物。康德所讲的空间时间既只是当作格式的空间时间，则必定亦只是主观上的空间时间主观上的亦就是认识上的。所以就这一点来讲，当作格式的空间时间未必就与那个当作架构的空间时间完全相同。因为当作架构的空间可不限于"三量向"(Three dimensions)。而在认识上的空间却不能有第四量向。架构的时间亦可不限于过去现在未来一条线。而主观的时间却不能有另外的时间方向。所以我们还是应得维持康德的原议，以为把空时当作格式且在直观上的主观方面，仍是一件不可避免的事。我因此主张康德此说仍有价值。后世学者对此忽视不免是一个错误。

然而康德被人误解却亦有其应得之咎。就是因为他以为直观上必须有这个先验的格式（空时）乃所以使数学变成可能的了。乃是主张数学之所以可能（即能成立）全靠这个空时格式。近世学者所以反对康德即由于此。因为近代数学已经证明无须依靠这个“纯粹直观”；原来数学只是一套逻辑的把戏而已。此种进步的思想自当接受。但我以为数学之可能性是否基于空时的先验格式是一件事；直观上是否有所谓空时的先验格式又是一件事。二者未可并成一谈。详言之，即我们决不能因为主张数学的可能性不在于纯粹直观，而即亦必主张直观上决不会有这样的纯粹格式。须知康德是使数学（尤其是几何）之可能性基于纯粹直观，而并不是把纯粹直观去倚靠数学。所以数学虽不基于这样的直观，而这个空时格式必仍如故。我个人的意见则以为数学的可能性确乎是不必建筑在这个纯粹直观之上。但单就直观而论，却不能说其中决没有先验的格式。于是我们在此便应得另求一个证明。

其实这个证明亦甚简单。就是在认识上每一个所见必定是一个“这”（“this”）同时又必是一个“什么”（“what”）。所谓“这”就是“殊特”（particular）；而所谓“什么”乃是“共相”（universal）二者必是同时俱有，缺一不可。但这个“殊”与“共”所以可能，却又不得不归于空间与时间。换言之，即殊共与空时直可算是一件事。亚里桑逗（S. Alexander）告诉我们说倘使没有“重复”即便没有共相。因为如此便使共相为不可能了。而须知重复却必有待于空时。我以为康德把空时认作直观上先验格式就是因为直接所见的并非空时，而空时却又为必要的。康德以“普遍性”与“必要性”来说明范畴(即上文所谓设准),已经由后来学者证明其不尽然了。但倘使以普遍性(即遍透性)与必要性(即不可缺性)来专限于说明这个先验格式的空时却是很对。英国的斯太司以为空时都是后来的构造,在初起只是有些所谓“张延”(extension-spread)与“连延”(duration-spread)。其实即无异乎承认即在最初的认识作用亦不能绝对没有空时的苗芽。且这种说法只是从心理学来看,还不能真正算是以认识论出身为立场。所以我对于此说不愿多论。不过以为康德的空时论依然是颠扑不破的。

八

空时的格式以外,尚有主客的分别。这个主观与客观的对立在每一个认识中是很自然而然生出来的。以比喻言之,就好像一个细胞的分裂。所以每一个认识就是一个“含有两极的整体”(bi-polar whole)我在前作中引用杜里舒的话,我以为他在这一点可算见得最透。不过我愿在此添加一个声明:即这个主客的关系可以作两种看法。第一种看法是以为先有一个主观,独立自存;又另外有一个客观,不倚靠主观而自存。于是两者发生关系。第二种看法则不如此。乃是以为只在一个关系中分为主客两极。“主”“客”“关系”三者凝成一体,不可分开。我以为第二种看法比第一种来得好些。因为第一种势必无端先假定一个自如的客观,又必须设立一个超越的自我。这样便增加了许多的麻烦。所以不如第二种为可取。

我说主客的分别之发生是很自然的。这“自然的”一语即可为其为先验的之注脚。因为有认识即自然有主客的对分,这其间并无什么理由可说。这"无理由可问"亦就是先验的之意。若果我们再欲求其理由,问其所以,则我们除了答道:这是先验的。别无可以为答。可见主客的对立是先验地如此,不是后来由经验而造成。我们今天既然要问知识中有若干先验的成分,则断不容不把主客关系列举出来作为其中的一种。心理学往往把主客的分别认为是后起的,其实这不免有些误会。我们知道凡一个经验无不立刻判分为一个"经验者"与一个"所经验。"至于外界的观念与自我的觉得都是基于此。但心理学者却误把外界的观念与客观的初型混而为一,又把自我的觉得与主观的存在并作一件事。老实说,主观与客观亦只是所谓格式,并不是具体的东西。以格式言,主客便与"能""所"相通。所以斯太司主张物我之分起于能动与被动之分。这句话虽不见得完全对,但我亦愿借来表明主客只是格式,而不是物体。现在我们从认识论上讲,当然可以不用那些心理学上的观点。但我们即在认识论上亦不能不承认主客亦和空时一样,同为先验的格式。

我在前作上曾把这三类(即主客,空时,与逻辑之基本律),置于一个总名之下,曰范畴。后来我觉得我于此所谓范畴,却与向来所谓范畴之意太不相同了。必致惹起人们的误会。于是我现在毅然将此总名废除。即不复再用范畴一名。而直使此三类各各独立,自成一组。要而言之,却各各都是先验的。

关于主客一层,若与康德所说相比较,则必见我的主张亦未尝不导源于他。他总是以为每一认知必有一个"我想"(I think)相伴。倘使没有,便致知识于不可能。他名此为"纯粹的统觉"(pure apperception)。因为他把认识作用即等于综合作用。凡综合必有一个能综合(即综合者)与一个所综合。不过他用"我想"一辞似乎太把主观看重了。须知主观是离不了客观的。正好像黑字是离不了白纸一样。最近林德珊(A. D. Lindsay)解释综合,说得很好。他以为我们所见所受不是一些杂多,乃一个不十分完全的整体,我们即于其上起综合作用,但这个综合作用亦就是分析作用。换言之,即随分析随综合。综合与分析之不可分正犹主观与客观之不可分。我们不能不说康德亦曾稍稍见到此,只可惜他说得没有像我今天那样透辟罢了。

九

康德因为对于认知的能力(cognitive faculty)特别注意去研究,故对于认识的材料反有些忽略。他对于感觉只说到杂多为止。关于杂多,在上段已略提起,虽不是说绝对无条理宿于其内。然至少当其呈现,是必有待主观的综合能力去加以配合统摄。所以我觉得康德关于感觉的研究在其第一《批判》上甚为缺少。后来学者关于这一点却有很多的贡献。我们今天当以后来进步的思想以补康德之不足。

康德所以不再追问感觉究竟是什么,其故据我看仍是受了洛克以来经验派的影响。因为经验派是以经验为最后的,凡事推之于经验即不能再溯其根底,而经验又必以"所与"为最后。则当然对于感觉除承认其为最后的最根本的以外,无法再问究竟是个什么东西。因为说明感觉仍须诉诸感觉,足证此种追问并不能有所得。这乃是经验派的立场。但我以为康德不应陷于此误。康德的立场并不是纯粹的经验派。我现在亦可以讨论这个感觉问题，正因为我亦不是完全固守经验派的范围。

我在前作上曾说明感觉是一种“不存在”的东西。这就是说感觉既不属于“心的”(mental)又不属于“物的”(physical)。不属于心一层是因为其由外而授与，非心所能左右，对于心却有强迫力。即唯心论者的柏克莱(Berkeley)亦承认之。至于说不属于物并不是说感觉在外界无相应者。乃只是说虽有外物 X 与之相应，然此物与感觉却非同一。所以感觉是个上不在天，下不在田的中间东西。这个中间东西其本身是没有“存在的”(existent)。因此名之曰“不存在者”(the non-existent)。就无异乎说在外界的架构上寻不着这个东西，而在内界的心理上亦追不出其来源。他只是悬空在夹层中的东西。由外界来说，他不在于外，反不如说他在内；换言之，即不是外物的代表，却反是个“遮障”。由内界说，他又不在于内，反不如说他在外。因为他不能随心所左右。所以他在外界与内界皆无地位。因此遂有人主张感觉是不心不物，而是属于生理的。此说比较上可通，但我们若不采取科学以讲哲学，而先自哲学本身来说，则似乎不必推论如此之远。所以我暂时放弃此说，而只说到感觉是在夹层中的“不存在者”为止。若照旧式的讲法，所谓不存在者即是“幻相”(illusion)。于此所谓“幻”是指其不存在而言，所谓“相”则就是英文 appearance 之意。关于这一点似乎康德亦曾稍稍见到。他不但把 Erscheinung 与 phenomena 两个同义的字各赋以特别意义；并且又把 Erscheinung 与 schein 立有区别。后来注释他的书的人们又有争论，以为前者不尽属于主观。凡此都非本篇的主题，故不详论。总之，就康德的立场承认感觉只是一种非心非物又非实有的“相”是讲得通的。

一〇

以上所说是关于感觉之本质。现在将更进而要说明“感觉内容”(sense-content)单就其本身却不供给我们以对于外物的知识。我们必须把感觉内容之单独一个个的而与感觉互相间的变化作分别观。这就是说单就一个感觉内容而言,他决不使我们推知另有一个外物在其背后。所以我们能推知感觉尚有背后,尚有所谓刺激,在外界以激起感觉,乃只是由于感觉有了变化。可以下列之图表明之:

图中 M 为主观。S 为感觉,而 P 为外界事物。S 至 S‴为感觉系列,虽在实际上可以说与 P 至 P‴的外物系列相应,然而主观的所对却只是感觉。所以就每一个感觉单独来说,必是由感觉 S 不能知道外物 P;由感觉 S′不能知道外物 P′;其下类此。但感觉 S 变为感觉 S′的时候却可以因为感觉 S′与外物 P 不相应,遂知道感觉 S 的背后是外物 P,而感觉 S′的背后不是外物 P。须知这样的知道乃只是“推知”(reference)。所以哀廷顿(Eddington)主张一切我们关于物理界的知识都是推知。这实

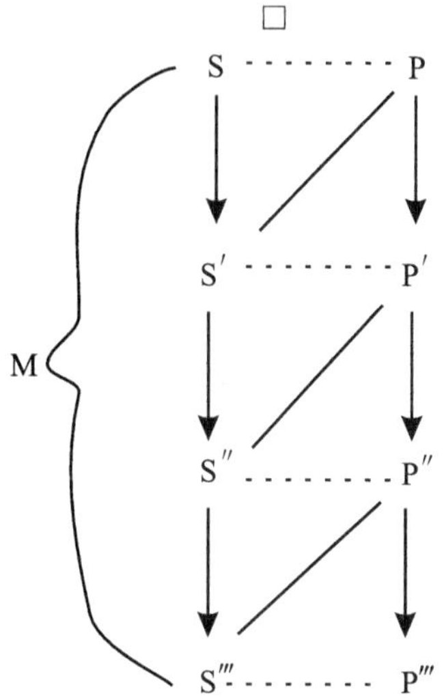

第一图

在是至理名言。

并且我们更应的知道有些关于外界事物的知识，是把感觉背后的刺激加以编制与解释的。即并非那些刺激的本来面目。直言之，即只是在内界造成了以后而投射到外界去，以为是如实存在于外界的。而究其实乃只是一个“造成者”(construction)。“造成者”一观念是由英人斯太司发挥出来的。而其始却导源于罗素。我觉得这一点亦是挽近认识论上的一个进步。例如普通物件，即桌子，椅子，墨，笔，书之类，就都是这些“造成者。”不仅此，即“他心”(the other mind)之存在亦不外乎一种造成者。所谓“他人有心，余忖度之”是也。造成者之说明可表示之为下列图。

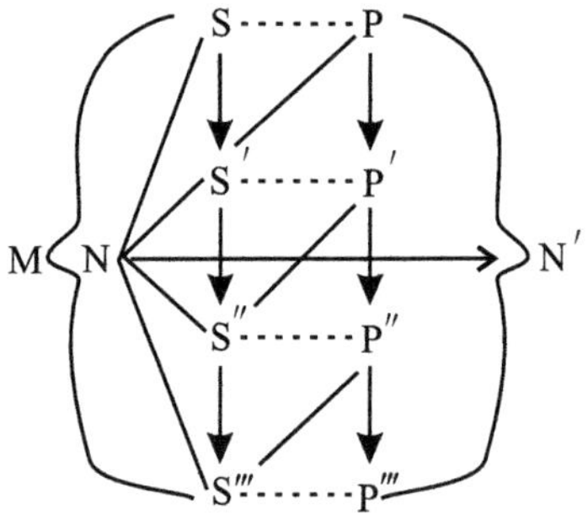

第二图

图中 M 为主观；S 至 S‴为感觉系列；P 至 P‴为相应的外在刺激；至于 N 即是所谓造成者。我们把由感觉而造成的这些造成者投射出去，投到外物的背后(如图中的N′，其虚线矢形即表示这个投出)。我们以为桌子椅子等是如实存在于外界的，其实乃只是由我们从感觉而造成的。关于这一点请暂缓讨论。而先提出一个比较重要的问题：即感觉 S 的背后之 P 是什么？须知这个 P 并不是一个“东西”(entity)，所以我在这一点上确不是唯物论。我尝名此为“外在架构。”现在即须讨论这个外在架构的问题。我在前作上曾用“相关变化者”(the correlated)来说明之。英人卫斯登(J. Wisdom, Problems of Mind and Matter)则用“外在的根由”(external source)说明之。他以为表面上的感觉所见与其背后的外在根由必有“大体上的相应”(formal similarity)。不然,我们何以不会把白的看作黑的,把高的看作低的。他此说并无新意,依然是采取罗素的主张。罗素的说法却比较正确。原文见《物之分析》(Analysis of Matter, p. 227)兹不详引。但须知这个外在的根由只是一种“架构”(structure),而决不可即认为“物质”(matter)。卫斯登名其说曰“温和的物质论”(moderate materialism),我以为这是错误的。至多只能仿照卡拿帕一派称为“物理论”(physicalism)。因为物理并非物质。换言之,即在外的只是空的一套结构,而并不能推定其必有实质。所以可说是只为空架而并不是实物。我愿拟一个新名词,曰“伏构”(sub-structure)。就是说他必须伏在感觉后,固感觉的变化,我们才可知道他有异状。这个架构是不可否认的。所以我的多元认识论在这一点又确乎不是唯心论。我承认这个伏构在外,故非唯心,但不主张他是物质,故又非唯物。就是说这个外在根由的本性是什么,非认识论所研究。换言之,即可以不限定是物质未尝不可,是我以外的“大心。”不过这便入本体论的范围,今限于认识论,自不便多讲。可见认识论上的非唯心论却可与本体论上的唯心论相通。现在只讲到不可否认这个外在根由的存在为止,下段再讨论其究竟是什么。

一一

我在前作上名此种外在根由为“条理。”须知这个外在根由与感觉(可名为感相 sensa)都是“所与”(given)。不过种类不同罢了。因此我又名感相为“显现的所与”(apparent given),而名这个外在根由为“潜伏的所与”(subsistent given)。须知感相本身是不存在者,故可称之为显现的;而外在根由则是比较硬性的,不过伏在背后罢了。所以此二者都与上文所述的先验格式不同。先验格式与半先验的设准都是属于工具性质的一种尺度。而所与却是迎面而来的,乃是属于知识的“内容。”

至于论到这个外在根由是什么,我以为最浅近的可以说他决不是物体或物件或东西,而只是些架构而已。我们可以取罗素之说名之曰“mathematical property”(of the external something)。这就是说只有从数学上所知的性质可算是这一类东西。我曾名之曰“条理,”或曾称之为“自然条理”(natural order)不过这些自然条理不是很显明地如实存在,独立自成在那儿凡以为外界有个如实自存的条理,这便是错误。反之,凡以为一切唯心所造,而无所凭藉于外界,这亦是同样的错误。须知自然条理是有的,但他却很稀松,很暗昧,很活动。有时他却可左右我们,但我们有时却亦可把他变了颜色。现在请以下列之图作为比喻以明之:

图中的四个点(如甲)即比喻为自然条理。我们根据这四个点可以画成一个圆形(如乙);又可以画成一个方形(如丙)。又可以

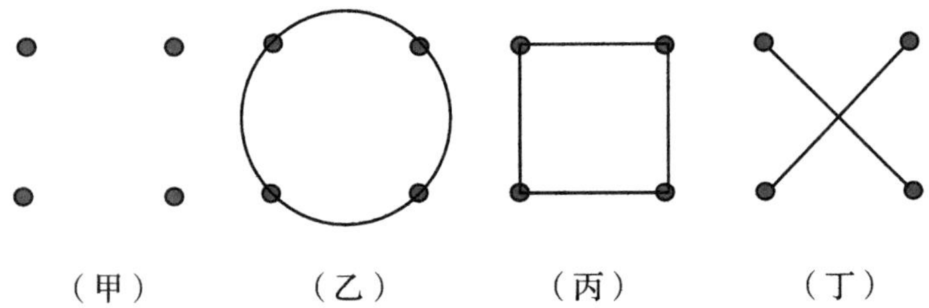

第三图

画成一个×形(如丁)。这个方形圆形等都是比喻那些所谓“拟构”(fiction 用樊亨格的术语。)但这些拟构不是完全灵幻的,乃必

须有若干“支点”(即上图的四个点。)并且就四个点而言,亦只能造成方形圆形与×形,而决不能造三角形与直线形。所以我在前作上提出“有限变化之原理”以明拟构的背后必有相当的根据。一班普通人最大的误会就在于把拟构当作实物。如第二图上的N,须知这个N就是造成的,但因为把他投出到外界去,便误认为外在的实物了。(如图中之N′)其实真正的所与只是P而不是N。并且P只是若干根据点,并非成片段的东西第三图的四个点即比喻为P。所以自然条理在认识上只是一种“因子”(factor)。而决不能像一张固定的完全图画,由我们的认识在临摹下来。把外在的条理认为是“刚性的”(即已打成一片,)这乃是泛客观主义的新实在论之大错误。

但主观主义的唯心论把这些疏疏落落的外在根据亦认为无有,这亦是同样错误。不过普通人易犯实在论的错误,所以我们对此尤得特别警戒。

关于四个点能造成方圆各形一层,我曾提出“可塑性”一名辞以表示此中情形。于可塑性以外,我又提出原子性,连续性,创变性三种。须知这三种只是自然条理中的最基本者。可名之曰“基本条理”(basic order)。我在前作中没有把基本一层发挥得透,致使许多批评者发生误会。于此所谓基本亦就是“最后”之意。就是说一切自然条理只能潜伏于拟构(即可塑者)之中,所以十分困难把自然条理与我们所构造者相分开。于不得已之中只有假定这三种是比较上最不夹杂拟构的。换言之,即是比较上最表示自然条理之真相的。这乃是推至最后的说法,不得已而为之,并不是说自然条理就是这三种。有人认此说法无必要;又有人仍把他们拉到内界里来;凡此都与我的本义不相伴。或许是误会了我的原义亦未可知。

一二

以上所讨论的已经大体完备了。我们的认识,就此看来,实是一个最复杂的东西。其中有幻影似的感相;有疏落松散的外在根由;有直观上的先验格式;有方法上先假设的设准;自然而然分成的主客;有推论上的先验名理基本律;更有由习惯与行为而造成的所谓"经验的概念。"凡此都是就一个人心为本位而言。(所谓一个人心即斯太司所谓 solitary mind)。至于集合各个人心而成一个共同世界却未尝不可即依此说明之。我以为共同世界之所由成有几点是其根据。第一,必是各人的心中有个共同点。即所谓"人同此心,心同此理。"于此所谓"理"若指构造而言,便即可通。此康德所谓 consciousness überhanpt 是也。第二,必是各人知觉上的空时有可以转换坐标之可能性。于是在甲的坐标系中可以转换到乙的坐标系。这样的转换便构成了一个共同的空时结构。第三,必是因为社交的关系,各人得着经验上的教训,然后由学习而适应,以成一个普通观念。由这三点遂有所谓共同世界。须知这个共同世界大有伸缩性(即可塑性,)而决不是固定的。并且共同世界只是各人的自己世界之简单化与普遍化,由抽象而成。依然只存在于各人心中,并不是如实自存于外界。

论到此,请一说康德的"物其自身。"这便是我与康德不相同处。他所谓物其自身决不是我所说的自然条理。因为物其自身乃是物之本来面目。在康德以为凡被认识即变为现象。所谓本相即等于说其物在不被认识时的相。其实,物若不被认识即不能说其相若何。所以根本上物其自身是不可知的。但既不可知又何以必须以为其存在呢？这乃是因为没有物其自身即等于主张没有物。没有物又安能有现象呢？这是康德的苦衷，所以他必须假定物其自身之存在。康德虽是现象论却仍留有素朴实在论的根底。我则以为可以不要这个物其自身。至于主张有所谓自然条理却又与这个物其自身无涉。因为我所主张的自然条理依然在认识以内，不是超越在背后的。只是透露于感觉中，夹杂在感相内，而并不是藏在其背后独自存在，不为人知。既不是事物，当然不能说到其自身了。所以倘欲把他误会为事物便大错而特错。康德的物其自身至少有此嫌疑。因此我说我所谓自然条理不是他的物其自身。

复次再讲到所谓"拟构。"这就是我们普通所谓概念。康德称之为"经验的概念"斯太司则名之为"造成者。"我以为拟构与造成者二名都很好。须知我们日常生活大部分是在这些东西上。这些东西亦就是第三图中的方圆等形。虽是我们所造成，却在实在界亦有相当的根据。不过这些造成者范围来得很广大。决不与其背后者完全符应。我在前作中说这些概念的功用，以为不可不取唯用论。不过我的唯用论与英美派不同。我以为唯用论亦可导源于康德。所以我取康德的立场，把效用的标准只限于用在说明经验的概念，而与先验格式无涉。我不相信概念（亦可称观念）能够变化外的实在界。我只相信概念的引导作用能够改变我们应付外界的态度。所以我的唯用论只主张到变化自己对付环境的态度为止。不能更进一步以为外界是大理石，可由我们随便雕刻，而没有固有的纹理。诚然大理石可以加以雕刻，但我以为却必须明白其中有固有的纹理。倘不依其纹理而雕刻之，必致不能成功。这便是我所以不能不承认另有个伏构的缘故。因此我主张唯用论的妙处在能说明知识之限制(即界限)。即知识为功效实用所限制。这是无可奈何的事。但决不可以功效实用来说明知识之性质。因为知识另有其本性,不能用功效实用来解释之。要之,功效实用只是限制知识,不是扩充知识与解释知识;只是证实知识,不是产生知识与说明知识。这便是我的唯用论与他们不相同的所在了。

一三

以上所说似大体已毕,现在再换一个叙述法更可比较明白。

即我主张在吾人认识对象的时候上我们确有四个层次,或称为四个世界,如下:

(甲)是所谓伏构的世界(level or world of sub-structures)

(乙)是所谓感相的世界(level or world of sense or shadows)

(丙)是所谓造成者的世界(level or world of constructions)

(丁)是所谓解释的世界(level or world of interpretations)

须知这四个层次实际上是混合在一起的。我尝用一比喻即好譬一个五彩套版的图画。其中有红,有绿,有黑,有黄。却是先印了红的,后印绿的。虽重重叠叠印上去,却相掩而不全遮。我又用一个比喻,即好譬一壶茶。壶底的渣滓是伏构,水中的茶叶的是造成者,而水则是所谓解释。解释最多,造成者亦依解释而生影响。至于伏构则是稀稀散散,疏疏落落,甚为寡少。所以他的左右力虽十分强硬而却不广大。再换一个比喻,则自然条理好像是藏在肉内的骨骼;我们摸着见着的只是肉。在这四个层中,前二层已经说得很多了,我不想再述。关于后二层似乎尚有详说的必要。但四层必须联在一起说明之方易于明白。先说伏构世界的可塑性罢。我以为唯用论在此有一个误解。他们以为外界好大理石可以随我们任雕琢什么就是什么。其实照我的主张可塑性不在外界的本身。如第三图的四个点,乃是不可变更的。换言之,即单就四个点而言,他本身是固定的与硬性的。所以可塑性不在四个点的本身,而只在于由四个点所造的各形,即造成方形以后,你以为不便利,你又可把他再造为圆形,无论方形与圆形,却都是你所造成的,而不是四个点所固有的。专就四个点所固有的而论,那是固定的。所以我主张外界确有自然的条理。我在上文所说的三种条理,原子性,连续性等就是说这些乃是伏构之固有的性质(intrinsic nature),除此以外,我们就不易知道了。至于可塑性只是在于造成者。所以哀廷顿说人类把他的足迹印在这个未知的宝藏上,而拼命去发掘,其结果所得的只是自己的足迹。我觉哀廷顿此言真是妙语。人类真是个怪物。自己造成了许多东西,自己又用理论去解释他,又有时去破坏他。闹来闹去,依然在自己所造者中翻筋斗。就好像鱼在水中一样。鱼离了水便不能活。人亦离了传说,信仰普通观念等造成者与解释便活不下去。所以宗教的用处在于使人安然活下去(此迭更生语。)其实不但宗教为然,一切常识与文化乃至科学哲学莫不如此。都是其作用在于自己骗自己须知这个骗乃是真骗。不但被骗者实际上生效力,并且亦可以说即是"不骗。"正好像催眠术者指白水为酒,被催眠的人吃了就会醉倒一样。这样的情形与一切常识文化,学理之对于人类的作用只有程度的差别,没有性质的不同。其原因乃是因为外界的真正条理太疏落了,我们可以造成各种不同的东西,我们亦就此困在所造成者之中,即在其中生活了。至于感相,他本身并不能为外界的代表者,至多不过有一些"暗示"而已。所以德国的新康德派把感觉在知识中的地位看得十分轻;以为至多不过是一个"引得"(index)罢了。其实此说甚是。感觉在知识中的地位是不十分重要。但经过这个"引得"却可略略推知其背后的外在根由,所以在知识中亦决不可缺少。康德说,"概念而无直观则空,直观而无审识则盲,"就是指此。在我所谓四个层次中,既是四个层次互相叠合,则感相一层便在绝对不可缺少之列了。至于造成者一层,上文虽已略说明,然不妨再说得明显些。例如普通物件,无一而非造成者。造成以后投射到外界去,信以为如实存在。因为在行为上觉得这样反而便利。所以没有反证以证明其为在内界造成的投射者。既如此便利,便信以为真了。不仅日常生活上的普通物件为然,即如"他人"(the fellowman)"客我"(the me or social self)以及"历史"(history)等等都是造成者。我们大部分生活即在于此中,天天以这些为对象,为伴侣。柏拉图有一个比喻,就是说人类是困在地穴中,只有一个背阳的小孔向外,从此孔而外窥则只见许多阴影。老实说,这些造成者即不啻是阴影。最后,说到解释的世界,我们可以大别之为五类:即科学的解释,哲学的解释,审美的解释,道德的解释与宗教的解释。至于常识的解释不是纯粹的,乃是杂有初级的科学与幼稚的道德以及类乎宗教的在内。所以我不把他独立列为一项。道德的解释与宗教的解释可以无须说明。至于审美有人以为是直接经验,便不宜称之为解释。殊不知美感是一种直感,乃是一种浸染与领会。即不是直见对象为止,乃是心游于对象之中。所以英文称之为 Contemplation。当然亦就是解释之一种了。现在所要讨论的只是科学的解释与哲学的解释。我愿借此以说明科学与哲学之性质。一班人往往以为科学与哲学互相排外的。即科学在哲学以外,哲学又在科学以外。其实这是一个错误的观念。科学之中就有哲学。而哲学亦是就其过去来说,几乎本身即等于科学。可见二者不是互相排外的,乃是互相合摄的。二者在题目上材料上绝对没有不同。凡哲学的题目无一不可由科学来讲。凡科学上的题目亦无一不可由哲学来讲。只是讲法不同,而不是题材不同,有人以为哲学没有其固有的题材便不免于将来自行消灭,这乃真是浅薄之谭了。所以我以为哲学与科学之分别只在于"态度"。而不关于材料与方法。哲学的态度,即由哲学的观点以从事于研究宇宙间万物的态度,乃是研究一个对象而同时联及其周围的全体。科学的态度,即取科学观点以从事于研究事物的态度则是研究一个对象务必把他孤立起来,切断一切关系。前者的态度我借用怀特海(Whitehead)的话为 to think heterogeneously;后者的态度则是 to think homogeneously。即一为夹杂地去想,一为单纯地去想。乃是想法不同,即想的态度不同。除此不同之外另无区别。

一四

上段所言的四个层次是就内容来说。因为内容与方式是分不开的。但为说话便利计,却可以单独来说方式。于是以前所说的空时格式,主客对立,名理的基本律等等便是方式一方面的东西了。所以我们不仅这四个层次,乃在其中尚含有各种的方式。现在把这些方式与这些层次统在一起来说,则可述之如下:

(甲)自然条理甚为疏落暗昧。其存在只可推知,不过在其本身上却有左右我们的力量,并且是硬性的。

(乙)感相虽亦有强迫性,但其自身并不是如实存在的。

(丙)直观上先验格式的空时是直现于认识上,是主观的,因为外界的空时不必与之相对应。

(丁)名学上推论的基本原则其来源是无法再推,只可承认为先验的。

(戊)主客的对立亦是自然而然的。可归之于先验一类中。

(己)概念中有一类,不是事物而是事物之条理。这一类东西我名之曰设准。是半经验半先验的。

(庚)此外大部分的概念是关于普通事物。则都是造成者。可以改变,所以其可塑性甚高。但我们却大部分是在此中讨生活。佛教谓为"迷"与"执",未尝不是有见于此。这一类的概念都是"实用的"(pragmatic)。他对于我们都有示唆作用,使我们对于外物可有各种应付的态度。

(辛)概念中尚有一类,其性质只是解释。例如宗教上的"神",道德上的"公正",科学上的"惰性"(inertia),哲学上的"本体"(substance)等等。这一类的概念与上一条的那些概念是分不开的。所以形成我们的可塑性世界。

总之,我的多元认识论有一个要点:就是各方式各层次必须互相倚靠在一起,互相叠合在一起,却同时又必是互不相生。例如伏构必见于感相间之变化,而却不为感相所产生。空时的方式离不了直观的经验,但却又不是从这个经验中抽出来成功的。名理的基本律亦是离不开概念与直观,但其发生却又不是从他们而出。我在旧作上曾提出一个意思,即说认识是一个和合的产物。我现在更换一句话来说明之,即我此说可称为知识作用之多重因子说(multiple factors of knowlege)。以上是总结。现在尚有余义,请一述之。第一是关于哲学的性质;第二是关于共同世界的造成再加一些补充。

因为哲学本身是一种解释,所以哲学不是如实地存在于那里的真理。我们固然可以把哲学当作真理来看,然而其重要的地方仍在于"哲学之功用"(the function of philosophy)。换言之我们可以用哲学之功用来说明哲学之性质。我在这一点上却充分赞成马克思(Karl Marx)的说法。就是他对于哲学的观念与以前历来的不相同。据美国的赫克(Sidney Hook)解说,以为现代所讨论的问题如空间时间等只是属于名学,而不属于真正的哲学。真正的哲学只是道德哲学,政治哲学,法律哲学,社会哲学等关于人生的一方面的。我虽极端不赞成把哲学只限于人生哲学,但我亦以为一切形而上学的归束却是人生哲学。马克思说:哲学的任务在于变更世界。这句话从我的立场来说,亦可讲得通。就是一切社会制度与文化都是人造的,用以自己安慰自己,使其在世上能生活下去。这些造成的东西其背后有一个理论就是所谓哲学(人生哲学政治哲学社会哲学)。这一类的哲学其功用不在于说明外界的真相,而只在于能指导人生。因此一切关于宇宙的哲学都是人生哲学的"假扮"(disguised fashion)。所以一切形而上学必须归根到人生问题而后止。而人生问题上却无所谓真与假,合理与不合理。在此没有名学上的问题,而只有价值上的判断。于是最后依然只是诉诸行为的实际。马克思一派主张一切理论必须视其实行上的结果原未可厚非。不过我以为一切哲学的发生在自觉地上总是求解释世界,至于变更世界乃是出于不自觉。所以任何哲学其归束是一个人生哲学,是在不自觉之中想把世界(人生的世界)来改变一下。马克思的错误在于认以前的所有哲学都是静观冥索的。其实根本上就没有纯静观,纯冥想,纯默思的哲学。因为静观与默思是哲学所由成,迨一种哲学既成后,在社会上人生上自然生出一种功用来了。我此说并未尝减少哲学的价值。因为哲学本身就只是上文所谓的解释。而解释之作用只在于影响我们应付外界的态度,使态度有种种变化;而决不能变化外界。所以人生哲学可以变更人生的态度。外界本是松散疏落的,无所谓改变与否。所改变的只是一些我们自己造的。马克思所说的"变更世界"一句话如是指外界而言,则是错误了;倘说的是人类的生活与环境即文化全体,则与我此说未尝不相合。至于卡拿帕一派所说的形而上学中一切命题都是表示愿望,不能证实,因而不足为真正的命题,亦可用我的立场来修正之。我承认形而上学上一切主张所表出的命题确是都不能证实。须知"证实"(verification)一辞是指最后可以推至于经验。当然物理学化学上的命题总可多少推到实验上为止。我们说形而上学的命题不可证实即等于说形而上学的命题与物理化学上的命题不同。这原无可异议。不过若说不能证实的命题即不能算为命题,这句话是不对的。老实说,形而上学的命题亦不是完全不能证实,不过其证实确异乎物理化学的命题之证实罢了。须知形而上学的命题既是表示愿望,当然关乎人生,则推至最后必定是依然取决于人生与文化。所以人生哲学社会哲学就是形而上学的尾闾。从这个尾闾上就可以证实形而上学。可见形而上学的命题依然是真正的命题。因为形而上学的功用是在于“人文”上。照我此说，几乎可以把“哲学究竟是什么”一问题重新作一个明确的回答。即哲学乃是一种批判与分析以及比较的研究。其所批判与分析比较的材料就是各种文化中所潜存的基本概念所以哲学本身就应得只是哲学史。哲学史所表现的就是人类文化以及民族文化中各种基本概念之由来与发展因为我相信每一种文化必有其基本概念。这种文化就赖有这个基本概念而始成立。如能握住了其基本概念，便可对于这个文化有相当的了解。所以哲学的任务在于说明文化（即各种文化之相异的基型，以及人类文化之相同的基型）而不在于创造文化。不过往往因说明以往的遂亦可暗示于将来的。此即马克思所谓变更世界之说是也。我因此以为哲学史就是哲学。并且除此以外都是不真正了解哲学的本性。

最后说到共同世界之造成，我在上文已经说明了，本可不再说。无如最近看见《哲学评论》第七卷一期内有张遂五君《经验与秩序》一文似乎与我的所见很不同。所以又引起我的话来了。他似乎主张一个感觉类必有共同的感觉。我则以为讨论知识传达的问题必须先分别两个字的意义。一个是英文的 communicable，另一个是英文的 transferable。前者是因“共同”而“通”。后者因“移换”而“通”。例如以中国的银元运到外国去用，这是前者；若拿中国银元换了外国钱在外国使用，乃是后者。我主张每一个感觉内容，对于本人都是私有的。决不能与他人共同。但却可与他人的相通。其通乃是由于移换。就是我的感觉 A 可以换为你的感觉 B。在内容上 A 与 B 尽管不同，但我与你却可说话。我知道你的感觉 B 就是我的感觉 A。就好像一元美金等于中国三元三角一样。一本书定价一美金时，我付了三元三角，就可拿了走。须知彼此共同的所谓共同世界就是建筑在这个“可移换性”(transferability)上。不仅同一的感觉类之间可以因移换而得交通,即异种的感觉类亦可因此而相通。例如斗牛。牛与人是两个不同的感觉类,但人却可操纵牛而使之斗。倘使人与牛之间不相通,则不能如此。所以我们不必以为感觉类相同而遂谓其感觉现象必有相同。须知即感觉类不同,其感觉现象亦可因移换而得通。于此又须知各个主观之间其感觉只能相“通,”而决不能相“同。”这乃我与张君不同之处因附述于篇末。

张东荪先生学术年表*

1886 年

生于居庸附近之直隶万全（据张尔田《先考灵表》，东荪之父张上和 1872 年调任直隶博野，1881 年调任直隶万全，1887 年署内邱、静海。东荪当生于万全，幼年在内邱、静海度过）。名东荪，字圣心。祖籍浙江钱塘。高祖云漖曾为楚南湘潭县令，选学家。曾祖裴，隐不仕。祖父之杲宦江南，为华亭、长州、阳湖宰，晚年为泰州牧。因有功得荫一子为知县，此即东荪之父张上和（字沚莼）。上和曾得曾国藩赏识，被曾称为“儒吏”。上和倾心于词作，与之游者有王佑遐、朱古微、郑叔问等名家。所育二子张尔田与张东荪均为继配陈氏所生。

1905 年

东渡日本留学，攻佛学与哲学。后放弃佛学，专攻哲学、心理学。毕业于东京帝国大学哲学系。

1906 年

刊《心理学悬论（一）、（二）》（与蓝公武合译）、《物种由来》（与蓝公武合译）、《催眠心理学》（与蓝公武合编）、《杭州佛教公所》、《真理篇》等文。

---

* 本年表由张竟无撰写。

1911 年

留学日本六年后回国，参加孙中山组织的南京政府，任南京临时政府内政部秘书，并任上海《新时报》总编辑。刊《论现今国民道德堕落之原因及其救治法》等文。

1912 年

南京临时政府解散，未往北京参加袁世凯组织的政府。孙中山组织国民党，把凡在南京任事者一律列为党员，先生亦名列其中，但先生不予承认。自本年起至一九一六年，担任上海《大共和日报》编辑、《庸言》（梁启超主持）编辑、《大中华》（梁启超主持）杂志编辑。

1913 年

刊《国会性质之疑问》、《论宪法之性质及其形式》、《论统治权总揽者之有无》、《余之民权观》、《道德堕落之原因》、《国会选举法商榷》、《主权讨论之讨论》、《余之孔教观》、《中国之社会问题》、《财政与道德》、《中华民国宪法草案略评》、《政治会议之性质》、《对抗论之价值》、《法治国论》、《论二院制与一院制》等文。

1914 年

刊《中华共和制度之最后裁判》、《政治革命与社会革命》、《予之联邦组织论》、《言论之道德》、《国民性与立法》、《根本救国论》、《中国之将来与近世文明国立国之原则》、《吾人之统一的主张》、《系统建设之研究》等文。

1915 年

可能于本年三月至九月间，再次东渡日本研修。

刊《就纯理上讨论邦先于国之理》、《政治根本论》、《政制论》（上、下）、《宪法与政治》、《联邦立国论》、《联邦之性质及其精神》、

《吾人理想之制度与联邦》、《联邦制度与宪法制度》、《具体之制宪》等文。

1916 年

刊《国本》、《善后建设论》、《今后之政运观》、《修改国会组织法及选举法私议》、《地方制度草案商榷》等文。

1917 年

接替张君劢成为上海《时事新报》总编辑，同时主编《解放与改造》杂志（后更名为《改造》）。《时事新报》之文学副刊“学灯”，与北京《晨报》“思辨”副刊及上海《民国日报》“觉悟”副刊，并称《五四》时期“三大著名副刊”。

刊《地方制度草案商榷书》、《贤人政治》等文。

1918 年

刊《学灯宣告》、《中西思想之绝对相反，中西文章之绝对相反》、《说鬼》、《运命思想亡国论（上、中、下）》、《运命思想余谈》、《教育与教会》、《哲学与教育》、《文艺与教育》、《人格与主张》等文。

1919 年

四月下旬邀著名报人俞颂华任《学灯》副刊主编，凡三月。三月后俞氏去苏联采访。

刊《世界公同之一问题》、《运命之感想》、《政治上怀疑论之价值》、《全国学生联合会之组织问题》、《介绍“挽近哲学之新趋向”并批评》、《大同学院事件》、《研究外交》、《学生自治》、《新学会宣言书》、《第三种文明》、《罗塞尔的“政治理想”》、《日本的研究与中国的前途》、《“新思想”与“新运动”》、《指导竞争与运动》、《奥斯氏社会主义与庶民主义》、《中国知识阶级的解放与改造》、《突变与潜变》、《答章行严君》、《答潘力山君与程耿君》、《头目制度与包办制度之打破》、《一桩顶快乐的事情》、《孝的问题》、《为什么要讲社会主义》、《报纸的现在与未来》、《我对于改良中国文学的意见》、《妇女问题杂评》、《青年之烦闷》、《我对于解决一个问题的意见》、《我对于废止考试的意见》等文。

译著《创化论》(上下册)在上海商务印书馆出版,入“尚志学会丛书”。

1920 年

十月间与梁启超等共邀英国哲学家罗素来华讲学,陪同罗素去各地,包括湖南。

刊《职业自由的要求》、《评资本主义的办事方法》、《利害冲突背后的人性观冲突》、《工学问题管见》、《改造要全体和谐》、《译名的私见和三个译名的批评》、《科学的平民化与学校的工厂化》、《译书重复的问题》、《中国之前途:德国乎? 俄国乎?》(与张君劢合撰)、《“提高”与“普及”》、《一个大问题》、《由内地旅行而得之又一教训》、《关于社会主义讨论·大家须切记罗素先生给我们的忠告》、《烧点须认清》、《现在与将来》等文。

1921 年

春夏间接办中国公学,曾一度受阻。十一月间,该校再度发生更严重风潮。

刊《一个申说》、《论精神分析》、《宣言》、《“我们所能做的”》、《柏格森哲学与罗素的批评》、《罗素评唯物辩证法》等文。

1922 年

刊《我也批评一批评》、《介绍教育杂志》、《两种社会观》、《人究竟为什么活着》、《读“东西文化及其哲学”》、《奈何》、《对于中国共产派及其反对者的忠告》、《讨论佛教的两封信》(与常乃德合撰)、《又有讨论佛教的三封信》(与常乃德、吕澂合撰)、《我对于基督教的感想》、《文化教育与运动》、《哲学与科学》、《思想问题》、《应该以轻佻的态度对付反对者么?》、《新实在论的论理主义》、《联省自治与国家主义》、《宪法上的议会问题》等文。

译著《物质与记忆》在上海商务印书馆出版,入"尚志学会丛书"。译著《社会论》(与吴献书合译)在上海商务印书馆出版。

1923 年

刊《这是甲》、《对于达尔顿制的直感》、《批判的实在论》、《极端的理想化主义》、《知识之本质》、《相对论的哲学与新论理主义》、《利用国文教授》、《论译书》、《劳而无功》、《谁能救中国》、《唯用论在现代哲学上的真正地位》、《人权与省宪》、《伯洛德的感相论》等文。

1924 年

春天离开《时事新报》,脱离报界,开始在上海主持中国公学。秋季学期开学时聘请老友俞颂华到中国公学担任教务主任兼教授。所聘其他教授,均是三十岁左右即已学有专长、备受学生欢迎者。

刊《中国政制问题》、《康德杂谭》、《"国内战争六讲"跋》等文。

著作《科学与哲学——一名从我的观点批评科玄论战》在上海商务印书馆出版。

1925 年

秋天,主持之中国公学受阻。十月,受上海国立政治大学(刚由自治学院改组而成)校长张君劢之聘,至政大任教授。任此职直到一九二七年二月政大被国民党上海市党部查封。

刊《科学与哲学》、《联邦论辩》、《席勒唯用派哲学之自由论按语》、《甘地动机与马克思动机》、《出世思想与西洋哲学》等文。

1926 年

继续在上海国立政治大学任教授。

刊《初学哲学之一参考》、《由自利的我到自制的我》、《兽性问题》、《西方文明与中国》等文。

1927 年

二月,在上海国立政治大学被国民党上海市党部查封后离开政大。会同瞿菊农、黄子通等创办《哲学评论》,此为中国第一家专门哲学刊物。

刊《因果律与数理》、《名相与条理》等文。

1928 年

秋天,入上海私立光华大学任教授,讲授《伦理学》、《现代哲学》等课程,并任该校文学院院长。

刊《新创化论》、《宇宙观与人生观》、《休谟哲学与近代思潮》、《快乐论:其历史及其分析》、《全体主义与进化论》等文。

著作《人生观 ABC》在上海世界书局出版,入徐蔚南主编之"ABC 丛书"。

1929 年

继续在上海私立光华大学任职。一月十九日梁启超(任公)病逝北平协和医院后,撰献长幅挽联。

刊《现代哲学鸟瞰》、《严肃主义:其历史及其批评》等文。

著作《哲学 ABC》与《精神分析学 ABC》在上海世界书局出版,入徐蔚南主编之"ABC 丛书"。《新哲学论丛》在上海商务印书馆出版。

1930 年

秋天，离开上海私立光华大学，北上北平燕京大学任哲学教授，先后讲授《现代哲学》、《价值哲学》、《康德哲学》、《知识学》、《民主哲学》、《中国哲学史》等课程。

刊《新有鬼论与新无鬼论》、《哲学不是什么》、《将来之哲学》、《伦理思想上的两种进化论》等文。

著作《西洋哲学史 ABC》（上、下）在上海世界书局出版，入徐蔚南主编之“ABC 丛书”。范祥善编《现代哲学评论集》（上海世界书局）刊行，收张东荪《新创化论》一文。

1931 年

继续在燕京大学任教。

刊《哲学之误解》、《我亦谈谈辩证的唯物论》、《全国动员与学哲学的人们》、《苏格拉底之道德论》、《柏拉图与苏格拉底事迹考》、《条理范畴与设准》等文。

著作《道德哲学》在上海中华书局出版。《哲学》在上海世界书局出版，入“文化科学丛书”。《哲学与科学》在上海中华书局出版。上海私立光华大学哲学会编《哲学研究》（上海中华书局），收张东荪《苏格拉底以前之希腊哲学》、《哲学与科学》二文。

1931 年

继续在燕京大学任教。十月曾一度兼任清华大学文学院哲学系讲师。

刊《答张抱冰关于哲学三问》、《阶级问题》、《认识论的多元论》、《辩证法的各种问题》、《苏格拉底之辩诉》（译）等文。

著作《现代伦理学》在上海新月书店出版。

1933 年

继续在燕京大学任教。

刊《教训》、《道德概念》、《讨论道德根本问题答素痴先生》、《科学的哲学概论》、《科学之介剖》、《中性子的发见是否有助于唯物论》、《动的逻辑是可能的么?》等文。

译著《柏拉图对话集六种》在上海商务印书馆出版,入"尚志学会丛书"。著作《哲学上之讨论》(与李石岑合撰)在上海商务印书馆出版。

1934 年

学术休假。期间曾去广州学海书院(张君劢创办)任院长六个月。

主编"哲学丛书",全面介绍西洋哲学,丛书由上海世界书局印行,分上、下卷,每卷八册,共十六册。与张君劢创办发行《再生》杂志。十月,再生社临时代表大会在北平举行,会上宣布成立中国国家社会党,张东荪任该党中央总务委员。刊《哲学是有党派的吗?》、《唯物辩证法之总检讨》、《从西洋哲学观点看老庄》、《思想的论坛上几个时髦问题》等文。

著作《现代哲学》、《价值哲学》及《认识论》在上海世界书局出版,入"哲学丛书"。编纂之《唯物辩证法论战》在北平民友书局出版。抽印本《从西洋哲学观点看老庄》在北平燕京大学出版。"哲学丛书"中张抱横之《哲学与近代科学》、严群之《柏拉图》、郭本道之《洛克巴克莱与休谟》、郭本道之《黑格尔》诸书,均经张东荪校阅。

1935 年

继续在燕京大学任教。继续主编"哲学丛书",至七月完成。

四月,在中国哲学会第一届年会(北平)上宣读论文《从我们所谓哲学看唯物辩证法》。五月,为傅统先《现代哲学之科学基础》一书作“序”。

刊《关于逻辑之性质》、《从我们所谓哲学看唯物辩证法(摘要)》、《十年来之哲学界》、《关于名学之性质》、《孔子论仁》、《现代的中国怎样要孔子》、《最近社会学研究之趋势》等文。

著作《近世西洋哲学史纲要》(与姚璋合编)在上海中华书局出版,入“中华百科丛书”。

1936 年

继续在燕京大学任教。四月四日至五日在中国哲学会第二届年会(北平)上当选为中国哲学会第一届编辑委员会委员。

刊《怎样研究哲学》、《彭基相译笛卡儿(方法论)序》、《关于宋明哲学之性质》、《序姚〈秦汉哲学史〉》、《我亦谈谈梁任公辛亥革命以前的政论》、《哲学专号》、《〈现代哲学之科学基础〉序》、《从言语构造上看中西哲学的差异》、《多元认识论重述——我的多元认识论与康德之比较》等文。

著作《伦理学纲要》在上海中华书局出版,入“中华百科丛书”。抽印本《多元认识论重述》在上海商务印书馆出版。五月,詹文浒编《张东荪的多元认识论及其批评》在上海世界书局出版。

1937 年

北平沦陷后继续留在北平燕京大学任教。一月二十四日至二十七日,在中国哲学会第三届年会(南京)上宣读论文《哲学究竟是什么》,并被选为中国哲学会第二届理事会理事、第二届编辑委员会委员。

刊《哲学究竟是什么》、《多元认识论重述》、《思想自由问题》、

《一九三七年的展望》等文。

1939 年

继续在燕京大学任教。秋天到汉口与张君劢谋划筹设民族文化书院，并亲去桂林看地，准备造屋。

著作《不同的逻辑与文化并论中国理学》（《燕京学报》第二十六期抽印本）在北平燕京大学哈佛燕京学社出版。

1940 年

继续在燕京大学任教，可能是讲授《知识学》。四月基本写完《知识与文化》一书的正文部分。八月二十九日在云南大学召开的中国哲学会第四届年会决定不改选上届理事会，故张东荪仍为中国哲学会理事。十月，以张君劢为院长的大理民族文化书院开学，张东荪特为该书院撰写《士的使命与理学》一文。

刊《哲学究竟是什么》、《不同的逻辑与文化》等文。

1941 年

继续在燕京大学任教。《知识与文化》一书定稿。十二月八日被日本宪兵逮捕，先被关在沙滩北大红楼日宪兵总队，后入日陆军监狱，开始长达六个月零十天的“虏狱”生活。燕京大学被日军关闭。国家社会党加入中国民主政团同盟。

刊《不同的逻辑与文化并论中国理学》等文。

1942 年

六月十八日被日军事法庭判处一年半徒刑，缓刑三年，并于同日出狱。

刊《学术统制与自由（问题笔谈）》等文。

1943 年

处缓刑期，有日宪兵监视。七月二十日，张君劢为其《思想与社会》一书作“序”。

1944 年

处缓刑期，有日宪兵监视。九月十九日至二十一日至重庆参加中国民主政团同盟全国代表会议，会议决定改“中国民主政团同盟”为“中国民主同盟”，先生当选为中国民主同盟中央执行委员。

1945 年

八月十五日，日本无条件投降。在此之前，张东荪仍处缓刑期，有日宪兵监视。正月初七日，张东荪之兄长、燕京大学哈佛燕京学社国学总导师张尔田去世。十月一日，被日军关闭三年有余的燕京大学正式复校开学，张东荪复成为燕京大学教授。

刊《朱子的形而上学》、《关于中国出路的看法》等文。

1946 年

一月十日代表国家社会党专程自北平赴重庆参加政治协商会议，一月十四日在会上作关于人民基本权利的发言。八月十三日国家社会党与伍宪子领导之民主宪政党合并于上海，组成中国民主社会党（简称民社党），张东荪成为民社党重要成员。十一月十五日，以张君劢为主席、伍宪子为副主席的民社党参加南京“制宪国大”，民盟因此于本年十二月开除民社党。

刊《五四运动并未停止》、《中国之过去与将来》、《士的使命与理学》、《我们的路线》、《一个中间性的政治路线》、《美国对华政策与中国应有的反应》等文。

著作《知识与文化》在重庆商务印书馆出版，入吴文藻主编“社会学丛刊”甲集，为第二种。《思想与社会》在重庆商务印书馆出版。《理性与民主》在上海商务印书馆出版。李安宅译《知识社会学》以张东荪《思想言语与文化》一文作全书结论。

1947 年

四月十八日国民政府改组，张君劢代表民社党参加政府，张东荪对此持反对态度，并因此公开表示脱离民社党，以个人名义继续留在中国民主同盟内。五月左右至上海正式担任民盟秘书长，后一直担任民盟中央常务委员。

刊《美国对华与中国自处》、《哲学是什么？哲学家应该做什么？——四月五日在北京大学讲演》、《答林布君兼论左派理论》、《从“二十世纪哲学”里的苏联哲学说起》、《和平何以会死了》、《最近时局》、《我对和平运动的意见》、《为中国问题忠告美国》、《论政治斗争》、《追述我们努力建立“联合政府”的用意》等文。

著作《狱中生活简记》在上海观察社出版。

1948 年

继续在燕京大学任教，并任民盟中央常务委员。

刊《政治上的自由主义与文化上的自由主义》、《经济平等与废除剥削》、《“民主主义与社会主义”补义》、《告知识分子》、《自由主义》、《由宪政问题起——从比较文化论中国前途》、《论知识分子在文化上的贡献》、《知识分子与文化的自由》、《论真革命与假革命》、《我对苏美谈判的看法》、《假设中的三次大战与中国》、《韩国统一问题的教训》等文。

著作《民主主义与社会主义》在上海观察社出版，入“观察丛书”。

1949 年

年初北平被解放军包围，张东荪以“民盟代表”身份穿梭于城内外，寻求和平解决之道。张东荪曾作为守军傅作义将军的和谈代表参与同解放军的谈判。7 月，中国新哲学研究会召开发起人会议，张东荪被选为筹备会常务委员会委员。9 月 21 日，以民盟代表身份参加在北平中南海怀仁堂举行的中国人民政治协商会议第一届全体会议，会上当选为中央人民政府委员会委员（委员共 56 人）。9 月 30 日该会闭幕，北平改称北京。10 月 21 日，张东荪当选为中华人民共和国中央人民政府政务院文化教育委员会委员，该委员会之规格高于政务院其他专管行政部门，负责指导文化部、教育部、卫生部、科学部、新闻总署及出版总署的工作。

刊《公孙龙的辩学》等文。

1950 年

“张东荪案”发被免去中央人民政府委员及文化教育委员会委员之职，被中国民主同盟开除盟籍。但仍为燕京大学教授，估计是讲授《中国哲学史》一课。

刊《中国哲学史上佛教思想之地位》、《本无与性空》两文，是张东荪一生发表的最后文字。

1952 年

夏季，燕京大学被取消建制，并入北京大学，张东荪转为北京大学教授。张东荪于本年被剥夺公民权，保留教授头衔，但不得再授课。

1958 年

被迫辞去“北京大学教授”职，档案、人事关系转至北京市文史馆。同时被迫自北大朗润园 178 号原住地迁出，安身成府一处平房（大杂院）。

1963 年

继续栖身成府某大杂院，偶为诗词。

本年张东荪之孙、张宗炳之子张鹤慈被劳教。

1966 年

张东荪之三子、化学家与社会学家张宗燨，与妻子双双自缢于天津。

1968 年

1 月 23 日被投进北京昌平秦城监狱。其长子、生物学家张宗炳和张东荪同时入狱。

1969 年

在狱中。本年张东荪之次子、物理学家张宗燧服安眠药自杀于北京。

1972 年

10 月，台湾庐山出版社重印张东荪之著作《道德哲学》。

1973 年

病死于北京昌平秦城监狱。

元月，台湾地平线出版社影印刊行张东荪所编《唯物辩证法论战》一书。一年后（1974 年 8 月），台湾庐山出版社影印刊行其《知识与文化》、《思想与社会》、《理性与民主》三书。两年后（1975），其长子、生物学家张宗炳出狱，出狱后精神失常。六年后（1979），其孙、张宗炳之子张鹤慈被解除劳教（共被劳教 16 年，1963—1979），远走澳洲。六年后（1979 年 11 月），台湾天华出版事业股份有限公司重刊张东荪之著作《新哲学论丛》。

张东荪的“知识学”与“新子学时代”

张耀南

著者尝试提出一个观点：张东荪（1886—1973）在中国现代哲学史上开辟了冯友兰所谓“新子学时代”。这当然就暗含着一个前提，即肯定张东荪本人就是一“子”。若本人不为一“子”，他便无以开辟所谓“子学时代”，更无以开辟所谓“新子学时代”。

要成为一“子”，当然需要具备很多条件。著者以为起码要满足以下两条：（一）有自己独特之哲学主张，（二）以直接表达之方式而非解释经典之方式提出此种主张。而要成为一个“新子学时代”之开辟者，还须满足一个条件，即在这个时代中，其哲学主张是处于或基本处于“第一”之位置的。此处“第一”可以有两层含义，一是指首先提出某种理论，二是指所提理论在当时中西哲学或中国哲学上处于前沿位置。说张东荪开辟了“新子学时代”，即是谓张东荪首先建立起现代中国哲学，并且这个哲学在当时处于中国哲学之前沿。

一、中国现代哲学史上构建“自成系统底哲学”之最早尝试

先谈时间问题。说张东荪在中国现代哲学史上开辟了冯友兰所谓“新子学时代”，表示在时间上，张东荪的确是中国“现代哲

学”与中国“后现代哲学”之第一人。

(一)多元认识论:中国现代最早之认识论

张东荪自觉地、有意识地创建“自成系统底哲学”,时间相当之早。1923 年 1 月 10 日(《东方杂志》第二十卷第一号)的《“这是甲”》一文之副标题即为“我于哲学上的一个愚见”,表明作者是想有意识地创建一种哲学。《“这是甲”》一文,以及 1923 年 4 月《教育杂志》15 卷 4 期上的《知识之本质》一文,是张东荪创建“自成系统底哲学”之开端。

《“这是甲”》一文把“我这种主张”称为“唯用的合理论(Pragmatic rationalism)”,并声明“我抱这种思想至少亦有十年了,决不是出于一时的兴会”。表明其拥有自己之哲学主张,至少是在 1913 年左右。这个时间对中国之“现代哲学”而言,是史无前例的。

1924 年 6 月出版之《科学与哲学》一书,副标题为“一名从我的观点批评科玄论战”,以总结批判 1923 年之“科玄论战”为主,但其中依然有陈述“我的哲学意见”①之强烈意识,认为此种意见“是物观的理想主义(objective idealism)之一种”,并“抢”丁文江先生(1887—1936)之“存疑的唯心论”一词命名之②。

脱稿于 1927 年 11 月 29 日、发表于 1928 年 4 月 10—25 日(《东方杂志》第二十五卷第七、八号)的《宇宙观与人生观》长文,

---

① 张东荪:《科学与哲学——一名从我的观点批评科玄论战》,上海:商务印书馆,民国十三年六月初版,第 66 页。

② 同上,第 88 页。

副标题为"我所献议的一种",是张东荪个人哲学思想之首次全面而系统地公开亮相,"目的是述我心目中以为可取的一种宇宙观与人生观",并声明"所述完全是说我自己所要说的话"①。

1928年7月印刷、1929年1月再版之《人生观ABC》一书,专门在人生观之"两大类思潮"——快乐论(hedonism)与理性论(rationalism)——之外,提出自己之人生观,张东荪本人名之为"第三种态度"②或"进化的态度"(evolution as method)③或"我们这个第三种思想的态度"④。

1929年1月印刷、出版之《哲学ABC》一书,创建自己哲学体系之意图更是十分明确,其"例言"首句话便是:"本书的编撰有两个目的:一为使初学的人知哲学是什么;二为简括地表示著者个人的见解。"⑤该书第四章名为"总结——我的宇宙观",表达作者"个人的意见",即"架构"(structure)的宇宙观⑥。

1929年8月初版之《新哲学论丛》一书,首次以著作之形式完整系统地公布作者本人之哲学主张。这一主张被称为"一个雏形的哲学",上篇谈"认识论",下篇谈"宇宙观",附录谈"一个雏形的人生观",构成中国哲学史上第一个"知识论主义"的,即以知识论为出发点、又以知识论为最终归宿之完整哲学体系。

---

① 张东荪:《宇宙观与人生观——我所献议的一种》,《东方杂志》第二十五卷第七、八号(1928年4月10—25日),第七号第53—68页、第八号第55—71页。

② 张东荪:《人生观ABC》,上海:世界书局,民国十七年七月印刷,第32页。

③ 同上,第33页。

④ 同上,第39页。

⑤ 张东荪:《哲学ABC》之"例言",上海:世界书局,民国十八年一月印刷、民国十八年一月出版。

⑥ 同上,第92—109页。

这个体系公布之时，海德格尔（M. Heidegger）刚出版《存在与时间》（Sein und Zeit，1927），卡尔纳普（R. Carnap）刚出版《世界的逻辑结构》（Der logische Aufbau der Welt，1928），怀特海（A. N. Whitehead）刚出版《过程与实在》（Process and Reality，1929），曼海姆（Karl Mannheim，1893—1947）刚出版《意识形态与乌托邦》（1929）。而中国那些后来在20世纪成名成家之哲学家们，此时思想尚在摇篮中。熊十力先生出道稍早，1932年出版《新唯识论》；其他各家就很晚了，汤用彤先生之《汉魏两晋南北朝佛教史》（上卷）出版于1938年，冯友兰先生之《新理学》出版于1939年，金岳霖先生之《论道》出版于1940年、《知识论》出版于1983年。

体系公布以后，张东荪又有如下增修动作：1931年1月刊《道德哲学》于上海中华书局，公布自己之“道德哲学”；同年刊《条理范畴与设准》于《哲学评论》（北京）4卷2—4期，创始“多元认识论”。1932年9—11月刊《认识论的多元论》于《大陆杂志》1卷3—5期，分序言、方法论上的认识论主义、当前（The Given）、三种条理、条理、可塑性、范畴、设准、概念、唯用主义、结论共十一部分，以将近6万字之篇幅，全面系统地论述自己之知识论主张，并正式将此种主张命名为“认识论的多元主义”（Epistemological Pluralism）。

1934年9月，张东荪在上海世界书局出版《认识论》一书，进一步修改完善自己之“认识的多元论”（Epistemological Pluralism）或“知识之多元说”（A pluralistic theory of knowledge）。该书之“自序”称：

> 我这个主张蓄之于心中好多年。现在愈想愈觉有些自信。所以把他发表，求海内明哲指正。其内容与拙作《条理范

畴与设准》一文(载《哲学评论杂志》)大体上差不多。不过亦有些改变。就中对于"范畴"一语,因为歧义太多,易生误会。随(遂)避而不用了。关于涵义一层亦觉得归于名理为妥。总之,这样便较前文更平稳些浅近些。霍金(Hocking)说,折衷论者总是无大气魄。我自承是一个折衷论者。至于折衷得成功还是失败,则敢请读者批判了。①

张东荪这部《认识论》,在中国哲学史上具有重要地位。它是中国哲学史上第一部专门之知识论著作,即使其内容还不太成熟,但它毕竟是第一部。仅此一点,已足以奠定张东荪之"第一"的地位。该书在内容上,已论及人类知识之各主要方面,包括:认识的多元论对于感觉之见解;认识的多元论对于外界之见解;认识的多元论对于认识的立法之见解;认识的多元论对于名理的先在性之见解;认识的多元论对于经验上的概念之见解;认识的多元论对于行为与知识的关系之见解;认识的多元论对于主观能力之见解。

该书在"结论"部分,还特别引申出一种相应之宇宙观,此种宇宙观以否认本质(Being)或本体(Substance)为根本出发点与立足点,因而具有极鲜明之"后现代哲学"特征。而此种具有"后现代哲学"特征之宇宙观,又竟是直接从其"认识的多元论"引申而来,可见张东荪知识论在当时是相当前卫的。若仅就中国哲学史来看,直到如今还相当前卫。

1936年5月,詹文浒所编《张东荪的多元认识论及其批评》一书在上海世界书局出版,这是张东荪哲学创作之又一重要举措。

① 张东荪:《认识论》之"自序",上海:世界书局,民国二十三年九月初版。

该书收录相关“批评”文章4篇，分别为：江振声之《读认识多元论》、傅统先之《认识是多元还是一元》、孙道升之《读张先生认识论所感》、谢幼伟之《多元的认识论质疑》。该书同时收录张东荪本人作品3篇：《认识的多元论》、《关于逻辑之性质》、《跋》。《认识的多元论》取自两年前出版之《认识论》一书，但有重要修正，如增补了“序言”、“方法论上的认识论主义”两节等。《关于逻辑之性质》虽已于1935年1月刊于《哲学评论》6卷1期，但此次收录时亦有重要修正，这是张东荪在其知识论方面之极重要拓展。《跋》写于“民国二十四年七月十七日”，在张东荪哲学创作之历史上，具有重要地位：重点讨论了自己之知识论“是否可称为‘唯心论的’”这一重大问题；再次重申“我是极严格采取第三式”这一根本态度①。

1936年10月1日，张东荪刊《多元认识论重述——我的多元认识论与康德之比较》一文于《东方杂志》33卷19号（该文还有上海商务印书馆出版之抽印本），从比较研究之角度，进一步确定了自己的知识论之性质，划清了自己的知识论与康德知识论之界限，证明自己之知识论决非仅是“新康德主义的变种”（《中国大百科全书》“哲学”卷之定性》）。该文认为张东荪之知识论有别于康德之知识论的主要方面有：有关知识论与形而上学之关系的理论、有关感觉或感相的理论、有关主观与自我的理论、有关格式和范畴的理论、有关外界的理论等。该文给人之印象是：张东荪之知识论完全是一种独立的理论，是一件极具独创性之作品。

张东荪创作“多元认识论”或“知识多元说”之最后的惊人之

① 詹文浒编：《张东荪的多元认识论及其批评》之“跋”，上海：世界书局，民国二十五年五月初版。

举，乃是在胡适、蔡元培、王云五三先生所编《张菊生先生七十生日纪念论文集》一书中刊行《多元认识论重述》一文。该文与上面提及之《多元认识论重述——我的多元认识论与康德之比较》一文有关联，但又不完全是一回事。张东荪解释说：

> 本文曾载东方杂志第三十三卷第十九号，乃系病后所写，匆匆完篇；不甚洽意。嗣后自阅觉应增加者尚有多处，惟以课忙致搁置未果。王云五先生发起为张菊生先生寿诞征文。苦无以应。因将此文复检查一过。凡有未足者悉为一一增入。以视原有者约多三分之一。虽不为新作，然亦非敢将旧稿充数，想菊生先生必能有以谅我也。①

既比原稿多出三分之一，依现在之标准看，也就算是新作了。故这一篇文章，虽亦名曰《多元认识论重述》，但却在《多元认识论重述——我的多元认识论与康德之比较》一文基础上，迈出了一大步。可说这一篇文章，既是张东荪“多元认识论”或“知识多元说”之顶点，又是其终点。谓其为“顶点”，是说这一篇文章乃是张东荪“多元认识论”或“知识多元说”之最完整表述，自此以后他在这一领域没能写出比这更优秀之文字；谓其为“终点”，是说这一篇文章乃是张东荪“多元认识论”或“知识多元说”之最后完成，自此以后他不再倾主要精力于“多元认识论”或“知识多元说”之创作。这一篇文章在张东荪哲学创作史上，是划时代的。

---

① 张东荪：《多元认识论重述》，见胡适、蔡元培、王云五编《张菊生先生七十生日纪念论文集》，上海：商务印书馆，民国二十六年一月初版，第95页。

该文共分十四节，第（一）节说明该文之来历，第（二）节说明“多元认识论”或“知识多元说”之趋向，第（三）节说明必须抛弃将“材料”与“能力”对立起来、割裂开来之“两橛论”（Bifurcation theory）成见，第（四）节讨论“统觉”与“自我”问题，第（五）节讨论认识论与名学之关系，第（六）节讨论半经验半先验之“设准”（postulate）与“名学之基本律令”（Basic law of logic）之根本区别，第（七）节讨论“直观上的先验者”（The a priori in intuition），第（八）节说明“主”、“客”之分只存在于“认识”之后而不是之前，第（九）节说明“感觉”乃是一种“不存在者”（the non-existent），第（十）节说明“感觉内容”（sense-content）决不使我们推知另有一个外物在其背后，第（十一）节说明“外在根由”只是“架构”而已，第（十二）节说明康德所说之“物其自身”可以不要，第（十三）节总论人类知识之“四个层次”或“四个世界”，第（十四）节讨论人类知识之“各种的方式”、哲学之性质以及“共同世界”之造成。

这一篇2.2万余言之文章，著者以为乃是中国哲学史上之杰作，其在中国哲学史上之价值，决不在金岳霖先生洋洋70万言之《知识论》（1983）之下；把它放到西洋哲学之背景上，价值亦决不在美国哲学家蒯因（W. V. O. Quine，1908—）之著名论文《经验论的两个教条》（Two Dogmas Empiricism）之下。熟悉中、西哲学史之读者，一眼就能看出，著者对于张东荪这一篇文章，评价是非常高的。

从《“这是甲”——我于哲学上的一个愚见》一文发表（1923年1月10日），到《多元认识论重述》一文出版（1936年10月30日完成，1937年1月出版），这15年间之活动，就是张东荪第一阶段之哲学创作，创作之主题是“多元认识论”或“知识多元说”与“架构论”。这是张东荪最早之哲学创作，也是现代中国哲学史上最早之哲学创作。现代中国哲学史上能够在哲学创作时间上与张东荪一较高下的，似乎只有熊十力先生一人。

1936年6月，牟宗三先生曾以《一年来之哲学界并论本刊》为题，评论1936年前后之中国哲学界，认为熊十力、张东荪、金岳霖乃是当时中国哲学界之"三枝栋梁"，说："这三位大体上说来是代表了三种学问：熊先生代表了元学、张先生代表了知识论、金先生代表了逻辑。"又说："总之，熊十力先生、张东荪先生、金岳霖先生，是现代中国哲学界的三枝栋梁。若没有这三个人，也只好把人羞死而已。有了这三个人，则中国哲学界不只可观，而且还可以与西洋人抗衡，还可以独立发展，自造文化。"[①]牟先生在此处，在尚未见及张东荪《认识论》出版之后之两篇重要文献——《多元认识论重述——我的多元认识论与康德之比较》及《多元认识论重述》——的情况下，认定张东荪乃是代表了中国哲学知识论之"一枝栋梁"，是完全客观的与有远见的。实际上，在牟先生所说之"三枝栋梁"中，张东荪是出发最早、目标最为明确之一位；熊十力先生出发稍晚，且目标不完全是"现代哲学"或"后现代哲学"；金岳霖先生出发更晚，在1936年之时，思想尚在摇篮中。

(二)知识社会学：中国现代最早之知识社会学

著者以为可以把1923—1937年张东荪之哲学创作，称为"张东荪Ⅰ"；把1938—1950年张东荪之哲学创作，称为"张东荪Ⅱ"。

---

① 牟宗三：《一年来之哲学界并论本刊》，载广州《民国日报》1936年6月24日及7月1日之"哲学周刊"栏(第43、44期)。

“张东荪Ⅰ”以创作“多元认识论”或“知识多元说”为重心，可以称之为“认识论阶段”；“张东荪Ⅱ”则以创作“知识社会学”为重心，可以称之为“知识论阶段”。

认识论追问知识之来源，追问知识如何可能，以“知识”为终点；知识论则视“知识”为当然事实与当然起点，搁置知识如何可能之问题。认识论求真求实，追求知识之确实性；知识论则不置重真实性与确实性，而以讨论知识与外围因素之关系为重点。认识论范围较狭，局限于一种视角；知识论范围较宽，既可包括生物学视角，亦可包括逻辑学视角、心理学视角、认识论视角以及社会学视角等。

在“张东荪Ⅰ”与“张东荪Ⅱ”之间，1937 年之“卢沟桥事变”是一个明显之分水岭。正是在张东荪进入第二期之哲学创作，即进入“张东荪Ⅱ”之时，现代中国哲学才从整体上进入学界所谓之“创体系时代”；从此角度说，张东荪比其他“创体系”之哲学家，整整超前了一个时代。①

1938 年 6 月，张东荪刊《思想言语与文化》长文于《社会学界》杂志第十卷，这是张东荪创建自己的“知识社会学”之首次重拳出击。（确切言之，张东荪“知识社会学”之创作起点，可上溯至其《从中国言语构造上看中国哲学》一文，该文载 1936 年 4 月 1 日出版之《东方杂志》第 33 卷第 7 号。）全文逾 2.4 万言。收笔于 1938 年 1 月 28 日北平西郊燕东园。全文共分十四节，外加一个“补

① 贺麟《当代中国哲学》及方松华《20 世纪中国哲学与文化》均以 1935 年 4 月中国哲学会成立为“创体系时代”来临之标志或界碑。贺麟：第 11 页，南京：胜利出版公司，1945；方松华：第 136 页，上海：学林出版社，1997。

注”。文章开头即表明作者不同意孟汉（Mannheim，今译“曼海姆”）之“知识社会学”：

> 本篇的目的是想对于所谓“理论的知识”做一个比较满意的解释。亦可以说这就是一种知识论。原来我这个意见曾蓄在心中好多年。最初使我得着一些暗示乃是由于我发见西洋哲学上的问题大半不是中国人脑中所有的问题。我因此乃觉得西方与东方在心理上，换言之，即在思想的路子上，确有不同。根据这一点，又使我不得不承认西方人所有的知识论不能不加以修正。因为西方人的知识论是把西方人的知识即视为人类普遍的知识，而加以论究。然殊不知西方人的知识仅是人类知识中之一种而已，在此之外，确尚有其他。这是使我所以有此种思想的最初唆示。后来看见德人孟汉（Mannheim）之 Ideology and Utopia，以为从社会学以研究知识，可以得着一个同志。但我读了他的书以后，依然觉得他的态度和我不同。……我所注重者不是社会上的思想，乃是思想背后的骨干。①

“思想背后的骨干”就是“格式”、就是“设准”。张东荪以为中、西思想之“格式”、之“设准”完全不同，因而其所得之知识均非“人类普遍的知识”，均只是“人类知识中之一种而已”。所以有必要建立一种新的知识论，以解决不同“格式”、不同“设准”带来的不同知识之间之关系问题。在该文之末，张东荪说“最后我要殿以我的知识论”，动机即在此。

① 张东荪：《思想言语与文化》，载《社会学界》第十卷（1938.6），第17—18页。

在同一期《社会学界》杂志上，同时刊出了李安宅先生之译作《孟汉论知识社会学》，系伦敦大学(原德国 University of Frankfurt/Main 之社会学教授)教授 Karl Mannheim 之《Ideology and Utopia：an Introduction to the Sociology of Knowledge》一书第五编之汉译。该书于 1936 年在伦敦出版英文本。李安宅先生在"译者按"中谈该书汉译与张东荪之关系云：

在这里发表本篇汉译的缘故，第一因为本刊以内张东荪一篇"思想言语与文化"的文章，颇有对于本书作进一步的批评的地方，倘读者未读原书，恐不明对象所指。于是迻译这篇总结原书体系的文章，给张先生那一篇作个附录。第二，本篇首尾完整，可以单独发表，而且亟有将这新的领域介绍给读者的必要。①

李安宅先生此处将 Karl Mannheim 之书视为张东荪《思想言语与文化》一文之"附录"，足见其对于张东荪之"知识社会学"观点，是相当重视的。

1940 年 1 月刊于《研究与进步》杂志第一卷第四期之《知识社会学与哲学》一文，在张东荪"知识社会学"之创作史上，亦是划时代的。这一篇文章，实际上是张东荪向中西学界首次系统公布其创作"知识社会学"之总纲领。该文之副标题为"一个包括各方面的知识学之建立"。文章首先分析了当时世界哲学界之两大新趋

① 李安宅译：《孟汉论知识社会学》，载《社会学界》第十卷(1938.6)，第 107 页。

势:“一个是从言语的研究来廓清哲学上的暧昧问题。一个是从社会学的研究来阐明哲学思想与人文环境的关系。第一派是由M. Schlick;R. Carnap;H. Reichenbach等人所倡导。第二派则有K. Mannheim,P. Andrei,A. Dempf;A. Eleuthropoulos;E. Grunwald等人,——就中以孟汉为领袖。……现在因为第二派所主张有与我平素所想者相暗合处,遂成此篇,聊以报命。”①这两大新趋势的分析,是相当中肯,也是相当具有远见的,因为“逻辑实证论”和“知识社会学”在当时都还只是刚刚兴起。

文章接着分析了“知识社会学”之性质:“知识社会学(Wissenssoziologie)是最新出的一门科学。从社会环境决定思想上以研究各种思想的内容。换言之,即职在分析人类思想内容以求发见其如何被社会因素所左右。注重于境遇左右思想;致各种思想皆有其背境。于是有‘境况的相对性’(Situations-gebundenheit)。这种学问同时又以‘主义’(Ideologie)为对象,以研究其所以构成的利害关系。”②著者以为此处已基本讲清“知识社会学”之性质。

文章认为人类知识至少受到三种限制:一是“生物学的限制”,这是Kant发现的;二是“心理学的限制”,这是Freud发现的;第三就是“社会因素的限制”,这是“知识社会学”发现的。“生物学的限制”是普遍的与必然的;“心理学的限制”却是各人不同;至于“社会因素的限制”,则“既不是普遍的却不是各人各样的”。张东荪的主张,是将此三种限制综合起来进行研究:

① 张东荪:《知识社会学与哲学》,载《研究与进步》第一卷第四期(1940.1),第1页。

② 同上,第1—2页。

> 我个人的宗旨是想把知识学(Wissenschaftslehre)建立为一种独立的科学,而立于"实证主义"(Positivismus)之上。换言之,即从各方以研究知识,而不限于用形而上学的观点。详细来说,这个知识学必须不仅限于传统的"认识论"(Epistemologie);而必须包括各方面。从逻辑方面以研究知识的格式;从心理学方面以研究思想的"作用"(Akt);从认识论方面以研究知识的"确实"(Geltung)。这些都须包括在内。而尤必要的就是关于上述的三种限制的研究。
>
> 因为这个缘故,我对于知识社会学甚为重视。但我不是专从社会学的立场想把知识尽吸入其中;我乃只是从知识论的立场以为研究知识不能抛弃其社会因素的影响而已。①

张东荪在这篇文章中,详细公布了自己的"知识学"或"知识论"计划。这个计划包括三个主要的方面和两个次要的方面。

三个主要的方面是:(一)逻辑方面,不认为逻辑是"千古不易的真理"、是"自然自足的实情",而认为逻辑是与社会因素相关,"乃只是由社会所要求而始发明的"。(二)哲学方面,不主张"迷在哲学内"以解决哲学上之问题,如心与物、一元与多元、质与式等问题,而主张"从问题以外来看问题",查一查这些问题何以会发生、发生了与人生有何关系、解决了对于生活起何作用以及为什么只是这样而不是那样等等。(三)哲学史方面,不主张把一个一个的哲学家作对象,以研究其时代的经济政治状态及其个人的社会

① 张东荪:《知识社会学与哲学》,载《研究与进步》第一卷第四期(1940.1),第2—3页。

关系，而是主张“把哲学思想看作一个很长很长的不断之流”、“把哲学史当作文化史”，在这个流中设法找到其“文化的背景”、从思想的变迁上设法找到“社会的变迁”、“看出其背后的社会文化的过程”。

两个次要之方面是：（一）言语问题方面，不主张卡尔纳普（R. Carnap）、纽拉特（Neurath）等人以为言语可以还元到物理报告之“物元主义”（Physikalismus），而是主张“言语本身就是社会的”，认为言语的主要作用是表示“价值”或“表情”，如希望、感情、意志等，“而不限于达意”。（二）态度之非难方面，不认为人们对于知识社会学之非难（此种非难曰：你主张社会因素左右思想，则你之思想亦必为社会因素所决定因而必非真理了）是可以推翻知识社会学的，而是认为“这样的攻击可施于任何学说”，包括非难者本人。产生这种状况之原因，恐怕多半还是由于“观点”、“立场”、“态度”等之不同。

张东荪在《知识社会学与哲学》一文中所公布、建立之“一个包括各方面的知识学”，是中国哲学史上第一个独立的知识学体系，也是中国哲学史上第一个独立的知识社会学体系，其价值是不言而喻的。建立这样的体系对张东荪而言，不是偶然的、意外的，而是有意识的、自觉的。自此以后，张东荪之思想就没有脱离开这一方向。《知识社会学与哲学》一文之最后一句话是：“以上所说只是略抒我近数年来的感想，亦是我近来所祈向的方向。”[①]表明这篇文章就是承上而启下的，承“近数年来”之上，启“所祈向”之下。于

① 张东荪《知识社会学与哲学》，载《研究与进步》第一卷第四期（1940. 1），第5页。

是才有《知识与文化》、《思想与社会》、《理性与民主》三部知识学与知识社会学巨著之面世。

《知识与文化》一书原为张东荪在燕京大学之讲义，署名《知识学》。整理出版时之"自序"写于 1940 年 4 月 30 日，"后序"写于 1941 年 10 月 3 日，表示该书至迟在 1941 年 10 月 3 日前已完全定稿。现在还有很多人不明白此书之价值，其实这本书乃是中国哲学家独立创作出来的有关知识社会学之第一部专著，完成时间只比知识社会学创始人 K. 曼海姆之名著《意识形态与乌托邦——知识社会学导论》(Ideology and Utopia: An Introduction to the Sociology of Knowledge，德文版 1929，英文版 1936) 德文版晚 12 年左右、英文版晚 5 年左右；因张东荪被日军关押并判刑，造成出版时间在此基础上再晚 4 年多。即使以出版时间计算，张东荪能在西洋知识社会学确立以后的十几年时间里，完整系统地创立中国人自己之知识社会学，也是非常了不起的，令人吃惊的。台湾学者江日新先生就在一篇文章中表达了此种惊异，他说：

> ……张东荪在知识社会学探究中，不但接上了孟汉 (Karl Mannheim) 的思想脉络和局架，事实上也很据原创地自我做更广面的发展。《知识与文化》与《思想与社会》两书就是其最为巨著的贡献。事实上，相对于孟汉的众多著作，特别是整个知识社会学的学科奠基运动，张东荪所掌握到的信息并不算多，甚至还可以说是太少了。不过，他仅由孟汉的《意识形态与乌托邦》(*Ideologie and Utopie*) 作为线索，却在 1937 年就藉由《思想、言语与文化》一文追索出孟汉到 1980 年才为人所认识有关思想结构或模态的论述。(Mannheim, Struktruren des Den-

kens. Frandfurt a M. : Suhrkamp, 1980) 至如他常识、科学、形而上学的三种知识系统说，不禁使我想起在知识社会学上以"知识形式"来整合有关形而上学、人类学、历史哲学和知识论的谢勒（Max Scheler）的"三种事实理论"和"三种知识形式说"。在这些论点当中，不管是张东荪，还是谢勒或孟汉，我们的确在这东西两不相遇的思想家身上，发现他们各自发出的相同火花。①

江先生在这里有一个明显之暗示，就是张东荪在中国创建知识社会学，和孟汉、谢勒在西洋创建知识社会学，是"两不相遇"、同时并行的，是各自独立发出的"相同火花"。这就更显示出张东荪之"伟大"，显示出"张东荪晚年对知识社会学的努力和成就"，使人"惊讶于张东荪攫握时代思潮的敏感度"。著者以为 K. 曼海姆之《意识形态与乌托邦——知识社会学导论》这部名著只是对张东荪起了"点拨"作用，"点拨"之后之全部知识社会学体系，却是张东荪独创的。这也许真是可以用"伟大"一词来形容。

(三)独立的知识论：中国现代知识论第一人

知识社会学只是"独立的知识论"之一个视角。张东荪之目标，是创立一种"独立的知识论"，所以他决不会以知识社会学为满足。"独立的知识论"可以包含众多视角：从哲学之视角研究人类

---

① 江日新：《从多元认识论到知识社会学：张东荪知识学说的一个试探》，载《哲学研究》1999 年增刊（1999. 10. 15），第 33 页。

知识，有所谓认识论；从心理学之视角研究人类知识，有所谓心理学的知识论；从逻辑学之视角研究人类知识，有所谓逻辑学的知识论；从生物学之视角研究人类知识，有所谓生物学的知识论；从社会学之视角研究人类知识，有所谓社会学的知识论，或曰知识社会学；更可以从经济学之视角研究人类知识，有所谓经济学的知识论，或曰知识经济学。（按：著者正有意创此学说，探讨经济活动及利欲对知识客观性、普遍性之影响与制限。）

著者以为“独立的知识论”之“独立”二字，至少有两重含义：一是这样的知识论不作形而上学之“序论”、“先导”或“先奏曲”，如康德；二是这样的知识论不偏于一面，如知识社会学，而是取广义立场，将上述各种视角合并解决之。谈到此种“独立的知识论”，张东荪有言曰：

> 因此之故，我现在不拟取名为文化主义。特名之曰多元交互主义（Pluralistic Interactionism）。用以表明两层的交互作用。第一是在知识以内的。即在知识内是感觉知觉与概念以及外在的架构四者互相作用。外在的架构左右感觉。感觉支配知觉。知觉供给概念。而概念却又解释知觉。知觉又决定感觉。感觉混括外在者。这是第一次的交互作用。至于知识与文化的关系亦是二者互相作用。知识受文化的限制。如言语在一方面便足以限制思想，在他方面却又可以助长思想。这是第二次的交互作用。而在文化各方面却亦有交互影响的情形。如言语足以影响逻辑。逻辑又足以支配哲学。哲学能左右社会政治思想。反之，社会政治思想又能决定哲学。哲学在暗中却指导逻辑。逻辑又能改造言语。这便是第三次的

> 交互作用。总之,知识本身是"投外的造成者"(projective constructs),但必有所据,名之曰"所与"(given)。然却不是仅由所据而造成,乃另外有影响足以左右之,于是我们共得三个观念。即本身的造成者,背后的所与,及外加的影响是也。三者是互相作用的。本书内虽不显然分别这些分次,却统以互交作用贯通之。希望读者注重于此点,便得全书之纲领了。依据此层,著者对于知识系采取"多因素说"(multiple factors theory of knowledge),即谓知识不是决定于某一个因素。而却有多个因素互相作用于其中,感觉自是一个因素,而其背后的外在者亦是一个因素,概念是一个因素,而其发为指导作用的范畴亦是一个因素,不仅知识以内的感觉概念等为然,而在知识以外的文化影响又在暗中左右知识,何尝不是又一因素呢![1]

很明显,"第一次的交互作用"是从哲学角度去看的,属"认识论"研究之对象;"第二次的交互作用"是从文化学角度去看的,属"知识文化学"研究之对象;"第三次的交互作用"是从社会学角度去看的,是"知识社会学"研究之对象。"认识论"探讨知识之生物学上的制限,"知识文化学"探讨知识之文化的制限,"知识社会学"探讨知识之社会的制限。张东荪主张将后两层意思合并,以"讨论文化所以左右人们的知识之理"。

他以为从文化而说到知识、从文化之角度谈知识之制限,大约可以分两层,一层是知识之文化的制限,一层是知识之社会的制限,"马

---

① 张东荪:《知识与文化》,重庆、上海:商务印书馆,民国三十五年一月初版,第5—6页。

克斯见到第二层，孟汉推而广之，稍稍及于第一层。可惜他仍没有完全脱离了第二层而单讲第一层。我主张先讲第一层，把第二层吸收在内。不是以第二层为主而吸收第一层。这便是我和他们不同的所在了”①。即张东荪主张把知识之社会的制限并入到知识之文化的制限中来讨论，故张东荪之“知识文化学”即是其“知识社会学”；其“独立的知识论”主要由“认识论”和“知识社会学”两部分构成，前者谈知识之生物学上的制限，后者谈知识之文化的与社会的制限。

有些学者以为张东荪晚年放弃了早期之“多元认识论”，完全是一偏之见，根本没有弄清张东荪孜孜以求之“独立的知识论”为何事。著者以为张东荪后期虽确有一个“知识社会学的转折”，但其所转者只是考察问题之视角，即从哲学视角转到文化学、社会学视角，而不是对某一视角之放弃。

由是观之，认识不到《知识与文化》、《思想与社会》、《理性与民主》三书乃是中国“知识社会学”之杰作，是不对的；同样，仅把《知识与文化》、《思想与社会》、《理性与民主》三书视为中国“知识社会学”之杰作，亦是不对的。因为《知识与文化》、《思想与社会》、《理性与民主》三书要追求之目标，著者以为是创建“独立的知识论”，而不只是“知识社会学”。且看张东荪在《知识与文化》一书之“后序”中说的话：

> 本书以知识社会学为出发点，以讨论一切知识，例如哲学，名学以及政治思想，道德理论等。……但须知知识社会学

① 张东荪：《知识与文化》，重庆、上海：商务印书馆，民国三十五年一月初版，第45页。

> 却不就是知识论，因为二者在出发点上有些不同。知识社会学是以社会学的立场而去研究知识。知识论却并不限于必以社会学为立场，有时以哲学为立场，有时以名学为立场都可以的。且更可以拿心理学作立场去讲的。故知识论在实际上是凡从心理学来讲的便属于心理学；凡从名学来讲的便属于名学；凡从社会学来讲的便属于社会学。至于从哲学来讲知识则这种知识论依然是在哲学范围以内。本书虽然想把各方面合起来成为一个独立的知识论，但却承认这却只是一个综合的知识论，而并不是真正独立的知识论。①

“独立的”一语之含义，其实张东荪已经在《知识与文化》一书之“绪论”中作了说明，这就是一不作本体论或形而上学之先导，二不以本体论或形而上学为转移。以此去理解张东荪之知识论，其知识论实际上就是“独立的”，而不是“并不是真正独立的”。著者以为张东荪此处“并不是真正独立的”一语，是另有所指。

《思想与社会》一书同样是既注重“知识社会学”，又注重“独立的知识论”。如该书“序论”说《思想与社会》一书“几乎完全是增补”《知识与文化》一书，是《知识与文化》一书的“续编”或“姊妹编”。第一章虽有本书“依然是以知识社会学（或称社会学的知识论 sociological epistemology）为立场”等言，但“结论”部分却又明白宣称“本书与我的前作《知识与文化》是同采取一个态度：即将知识社会学（即以社会学来讲知识的）与哲学（即以哲学来讲知识的）

① 张东荪：《知识与文化》“后序”（第1页），重庆、上海：商务印书馆，民国三十五年一月初版。

之交互点为立场”[1]。前者偏向“知识社会学”，后者偏向“独立的知识论”。而最终是以“独立的知识论”为目标，故该书以如下立场结尾：

> 总之，本书所采取的立场是一种“交互主义”（interactionism）。我在《知识与文化》之序论上即有对此之说明。盖以为知识受生物的限制又受文化的限制，顾我们了解此等限制却又以知识，于是对于限制之了解便又不能不受知识之限制。换言之，即我们所有之生物学知识与社会学哲学等知识又复受知识本身限制之限制，此点在物理学上已早为人所发见了。当然其理可适用于其他科学，故我名此为交互主义。[2]

《理性与民主》一书虽主题有变，但目标及思想格式与《知识与文化》、《思想与社会》两书相同，“依然是继承前两书中所说的问题而想从另一方面作进一步的发挥”[3]。

二、“独立的知识论”之核心：“知识论主义”

张东荪本人有一个“方法论上的认识论主义”（Methodological

---

① 张东荪：《思想与社会》，重庆、上海：商务印书馆，民国三十五年三月初版，第200页。

② 同上，第204页。

③ 张东荪：《理性与民主》，上海：商务印书馆，民国三十五年五月初版，第1页。

epistemologism)之说法,主张以“认识论主义”为方法。“知识论主义”是著者之杜撰。不过著者以为虽为杜撰,却很合乎张东荪之意思。完全可以以张东荪本人之“认识论主义”为基础,来理解“知识论主义”。

著者以为“知识论主义”之基本含义是:(一)知识论是一种尺度,合乎此尺度者存之,不合乎此尺度者舍之;(二)虽知识论各有不同,但却均可以当事人认为正当之某种知识论为出发点、为归宿;(三)知识论可以是独立的,亦可以是自足的。

这些意思,其实张东荪本人都有论及,只是比较分散而已。著者现稍作归拢,看看“知识论主义”究竟包含哪些意思:

(一)“认知”是哲学研究之起点。“认知”是哲学研究之起点,因为“认知”乃是“最根本的,最基础的,最直接的,最显明的事实”,以此种“最根本的,最基础的,最直接的,最显明的事实”为起点进行研究,是最为“便利”的①。

(二)以“认识论”为出发点最基本、最直接。研究哲学于方法上可以“心理学”为出发点如詹姆士,可以“生物学”为出发点如柏格森,可以“物理学”为出发点如罗素,亦可以“论理学”为出发点如柏拉图,但比较而言,这些出发点都不及以“认识论”为出发点“来得最基本,最直接而牵涉最少”②。

(三)不为形而上学本体论开“后门”、留“活路”。传统西洋哲学是以形而上学居首,以为必先有形而上学然后方有知识论、道德

① 张东荪:《认识论的多元论·方法论上的认识论主义》,载《大陆杂志》第1卷第3、4、5期(1932)。参见《中国现代哲学史资料汇编》(钟离蒙杨凤麟主编)第二集第二册,沈阳,1982年,第4—5页。

② 同上,第5页。

论以及宇宙论等。第一次之转变发生在英哲洛克把知识问题提出以后，康德把旧的形而上学（即所谓独断的形而上学）打死，重新由其认识论另指示一个新的形而上学之可能的途径，以研究知识为第一步工作，以为这个工作不必有所等待，相反其他工作却必须等待这个工作做完。可说这是预备工作，不经过这个预备工作，决不能贸然进入于哲学本部之研究。第二次之转变就是“知识论主义”之提出，在康德基础上再往前跨出一步，不为形而上学本体论开“后门”，不为形而上学本体论留“活路”①。

（四）把形而上学中之本体论根本上完全取消，仅留宇宙论。不再认定形而上学是在认识论之外，而是把形而上学中之本体论根本上完全取消，仅留有宇宙论；这个宇宙论就隐隐约约宿于认识论中，研究人类知识大致上即可以窥探宇宙结构，因为宇宙结构虽非完全呈现于知识中，然两者至少有若干之相应。因此认识论同时乃就是一部分宇宙论，即同时就是一部分哲学。详言之，认识论不是替哲学开先路，乃是认识论中即含有哲学（形而上学）。一句话，知识论“是自足的，没有余地留给别的”②。

（五）以“认识”为唯一材料。所谓“认识”即是唯一的材料、是“起码的事实”，而不是其他科学所得之结论。这样的态度可名之曰“认识论的观点”，只是这样的观点并不完全排斥心理学、名学与形而上学，只不过以为不宜以这些科学为出发点而已。“至于有借助于这些科学之处仍不妨尽量采取之”③。

---

① 张东荪：《多元认识论重述》，见《张菊生先生七十生日纪念论文集》（胡适、蔡元培、王云五编，上海：商务印书馆，民国二十六年一月初版），第96—97页。

② 同上，第98页。

③ 同上，第100页。

（六）“认识”是直接的，但却不是纯粹的。只须率直承认“认识”这个事实就行了，至于这个事实是怎样一回事，则须待分析后方可明白。换言之，不必在尚未仔细研究以前遽然对于这个“基本事实”假定其以前之状态如何。如假定材料与能力之对立、假定杂多与统一之对立的“两橛论”，就是“犯了假定太多之弊”[①]。

（七）“建立一种独立的知识论”是可能的，亦是必须的。此种知识论不以西洋哲学中所谓“知识论居先”（priority of epistemology）为立场，即不以知识论作形而上学之序论或先奏曲，而是相反，其目的在使知识论成为一种独立的学问，这个学问不专是为形而上学作先导的，“当然即无所谓居先与不居先了”[②]。

（八）知识论当特别注重知识之“集合性”（collectivity）。作形而上学先导之知识论可名之曰认识论（theory of cognition），因为它不注重讨论知识之各方面，而只注重认识问题，即经验之可能性、“经验如何乃能成立”等问题。此种发问之态度就是“认识论”之特征，它可以康德《纯粹理性批判》（Kant's Critique of Pure Reason）为代表；“知识论主义”则注重知识之有集合性，而“这一点乃向来知识论所忽略的”[③]。

（九）知识论是最高的。哲学常见者有三种型式——第一式以本体论为出发点，由本体论推出宇宙论（含认识论）；第二式以宇宙论为出发点，由宇宙论引申出认识论（不谈或吸收本体论）；第三式

① 张东荪：《多元认识论重述》，见《张菊生先生七十生日纪念论文集》（胡适、蔡元培、王云五编，上海：商务印书馆，民国二十六年一月初版），第100—101页。

② 张东荪：《知识与文化》，重庆、上海：商务印书馆，民国三十五年一月初版，第1页。

③ 同上，第1页。

以认识论为出发点，由认识论推定本体论（吸收宇宙论于其中）之有无。第一式以本体论为最高，第二式以宇宙论为最高，第三式以认识论为最高。“知识论主义”是极严格采取第三式，故其在认识论上是“唯心论”，但在宇宙论或“本体论”上则又可说不是唯心论。即使认识论上之“唯心论”，亦“不是完全的唯心论，乃只是一种温和性质的而已”①。

三、以“知识论主义”为基础所构建之“新哲学”

张东荪有一个“自成系统底哲学”，这个哲学全部立足于“知识论主义”而构建。其《新哲学论丛》一书所论，既是指西洋之“新哲学”，亦是指他本人之“新哲学”，不过是通过“论西洋”之方式表出而已。

这个“自成系统底哲学”，是从知识论开始的。在 20 世纪 20 到 40 年代的不到 30 年时间里，张东荪以“内在关系说”、“间接呈现说”及“非写真说”为主干，先于金岳霖，开创了一条完全不同于金先生的知识论道路。

在 20 世纪中国哲学中，除了金岳霖先生所代表的知识论路向以外，还存在以张东荪为代表的另一条知识论路向。这两条知识论路向在人类知识之诸多根本问题上，都存在着相异或相反之观点。这些相异或相反之观点，就是张东荪之哲学主张的“新”意所

① 见詹文浒编：《张东荪的多元认识论及其批评》，上海：世界书局，民国二十五年五月初版，第 192—194 页。

在。此处谓与金岳霖先生相异或相反就是“新”，并非谓金岳霖先生所代表的知识论就是“旧”。此处所谓“新”，就是“不同”，就是“独特”，“不同”于某某学说，“独特”于某某学说。在此意义上可以说，金岳霖先生所代表的知识论也是“新”的。此处“新”意其实就是“子”意：张东荪以其“不同”与“独特”而成为一“子”，金岳霖先生亦可以以其“不同”与“独特”而成为另一“子”。有许多的“子”，才能构成一“子学时代”；有许多的“新子”，才能构成一“新子学时代”。张东荪是“新子学时代”之一“子”，金岳霖先生亦是“新子学时代”之一“子”，差别只在时间早晚。

张东荪不否认“外在关系”之存在，但坚决反对用“外在关系”去说明知识关系；张东荪强调能所内外之交接、会合，不是直接的，而是间接的，其间必经过设准、概念、感相等中介；张东荪主张知识只是施一之设准于当前、所与或造成者之所得，即主张知识只是一种“解释”或“构造”，而不是“临摹”或“拓写”。金岳霖先生相反，主张“内在关系”不存在，知识关系只能是“外在关系”；主张能所内外之交会，没有亦无须“中间媒介”，认识是“直接的”；认为知识的根基在“正觉”，而正觉正是“临摹”或“拓写”“外物或外物底一部分”的觉。张东荪与金先生，代表了两种完全不同的知识论路向；张东荪在前，金先生在后。

由知识论引申出一种宇宙观。就是认为宇宙中并无所谓“物”、无所谓“生”，亦无所谓“心”，而只有若干的架构（structure）而已；吾人把密度、引力等“架构”概括之而立一个名辞曰“物”，这个“物”只是一个空名，并无整个儿的存在者与之相应，“生”与“心”亦然；故 Entelechy 与 Spirit 这些字可以作废，Life 与 Mind 这些字亦都以不用为佳；换言之，宇宙中有“物理”而无“物质”，有“生理”而无“生命”，有“心理”而无“心灵”，一句话，有“架构”而无“实质”；且“架构”的构成还不是完全自然的，而是必有“认识作用”参加其中。所以我们这个宇宙不是一个整块的，而是一层一层套合的；不是既成的，而是正在那里顺着层次而突创新的出来；不是隔绝的，而是通体的（organic）或有机体的；不是无中生有的，而是结构的样式在那里时有新的出来。

“架构”不是认识过程之外的“臆说”或“假定”，而是人类认识自然之所得。吾人说宇宙是“架构”，只因人类知识是这样告诉吾人的，吾人要承认，也只能承认到这一层为止。简言之，在张东荪看来，架构是知识中之架构，知识是架构中之知识，自然是知识中之自然（nature within the perception），知识是自然中之知识（perception within the nature），两者无法分离。这样的宇宙观，同于西洋哲学中亚里山大（S. Alexander）之“合现”（co-presence）、怀特海（A. N. Whitehead）之“缘具”（concrescence），更近于东方哲学中佛教之空宗：一切具体者都是因缘和合而成，根本上不是一个自己存在者（self-existent）或自己潜存者（self-subsistent），根本上不是一个“存在体”（substantial entity）；只有“缘具”，只有由“和合而成”、“依他而起”、“瞬起即灭”三义综合而成之“缘具”或“无自性”。张东荪如此之宇宙观，第一次打通了东方哲学与西洋哲学之“隔阂”与分离，为人类哲学发展，开辟了一片“豁然开朗”之新天地。

又由知识论、宇宙观引申出一种道德哲学和人生观。就是认为吾人来到这世界，犹如在宇宙无边黑暗里，点燃一盏油灯；吾人活着，即是用这灯火去照亮尘世黑暗。吾人生命之意义与价值，取决于其照亮范围之大小：照亮范围越大，生命之意义与价值便越大；照亮范围越小，生命之意义与价值便越小；无有照亮，便无有意义与价值。活着只是一纯粹事实,活着只是此时此地(here and now)之一见一闻一喜一悲一言一动;所以仅限于"今此"(here and now)之活着,便等于不活,仅限于"今此"之人生,便无异于"非人生"。超越"今此",放大"生活本身"(the living in itself),才是吾人生活之真正目的。而"知"(to know)便是达此目的之第一步:"知"之本性在流中求住、杂中求纯,此为"今"之超越;"知"之本性又在乱中求定、浑中求分,此为"此"之超越。"知"之大小广狭深浅,于是便决定吾人理性之照亮范围之大小,并由此而决定吾人生命之价值与意义之大小。就此点而言,"知即为生"(knowing is living / to know is to live)。同时"今此"亦即是"现实",为有限、为变、为浑乱;而超越"今此"即是"理想",为无限、为恒、为确定。故吾人之超越"今此",实即是"以有限变乱之生活而自求有以达于无限永恒",实即是向"理想"而趋,实即是向"不死"所作无限之努力。所以"不死"不在彼岸,不在"今此"之外,而即在对于"今此"之超越,对于"生命"之放大中。

张东荪如此之道德哲学与人生观,基本思路是和存在主义(Existentialism)相同或相近的。张东荪说吾人是先活下来,然后才去找寻意义与价值,而不是先有意义与价值,吾人才活下来,可说与存在主义"存在先于本质"之根本命题,完全一致。张东荪如此之道德哲学与人生观,又是在相对独立封闭之环境里,和西洋存在主义同时建立、发展起来的。张东荪之《人生观ABC》出版于1928年7月、《新哲学论丛》出版于1929年8月,差不多与M.海德格尔(M. Heidegger,1889—1976)之《存在与时间》(1927)同时;张东荪之《道德哲学》一书出版于1931年1月、《新伦理学》出版于1935年以前,要早于让—保尔·萨特(J.-P. Sartre,1905—1980)《存在与虚无》(1943)、《存在主义是一种人道主义》(1946)两书之出版。差别只在张东荪所走之路,是“理性主义”之路,而存在主义所走之路,是“非理主义”之路;当存在主义在西洋宣布“知”不能解决人生苦难时,张东荪在东方,正试图用“知”去解决人生之苦难。

四、“新子学时代”之说法的来历

著者以为张东荪以其“知识论主义”开辟了中国哲学史上之“新子学时代”,就是认为张东荪乃是中国哲学史上所谓的“贞下起元”(冯友兰先生语)者,即撇开传统“格式”而另起炉灶之第一人。此种定位之于张东荪,当然是极高之荣誉;之于中国哲学史界,无疑亦是“石破天惊”。故著者提出此种观点,慎之又慎。著者思考此一问题,至少已有15年之久,却一直不敢拿出来发表。现在想亮亮相,以供方家批评。

“新子学时代”之说法,来源于冯友兰先生“子学时代”之提法。

冯先生著《中国哲学史》,将全部中国哲学划分为“子学”与“经学”两个时代,其中“自孔子至淮南王为子学时代;自董仲舒至康有为为经学时代”①。子学时代之特点,一是各家观点互异且平等并进,二是观点表出之方式为正面立论。第一个特点涉及“术”即“思想之方式”问题,表示子学时代是一个没有“指导思想”或“官方哲学”之时代,恰如董仲舒所言:“今师异道,人异论,百家殊方,指意不同,是以上无以持一统,法制数变,下不知所守。”(《汉

① 冯友兰:《中国哲学史》,北京:中华书局,1961年4月新1版,第492页。

书·董仲舒传》)此平等并进之各家,司马谈分为六:阴阳、儒、墨、名、法、道德,刘歆分为十:阴阳、儒、墨、名、法、道德、农、纵横、杂、小说。其中没有任何一家被定为“指导思想”。第二个特点涉及“思想表达之方式”问题,表示子学时代是一个“直接表达”或“正面表达”之时代,虽署“某某子”之著述非必为“某某子”亲手写成,但至少可视为其学派之书:“如现在题曰《墨子》、《庄子》之书,当视为墨学丛书及庄学丛书,不当视为一人之著作。”①不管是学派之著作,还是一人之著作,其均采正面立论之方式,却是无疑的。

经学时代不同。经学时代有一个“指导思想”,这个“指导思想”就是“儒学”,而且是“最高领导人”规定之“儒学”。对此冯先生说:“自此以后,以利禄之道,提倡儒学,而儒学又须为上所定之儒学。于是‘天下英雄,尽入彀中’;春秋以后,言论思想极端自由之空气于是亡矣。”②这是经学时代之一个特点。经学时代之第二个特点,是不正面立论,不“直接表达”或“正面表达”自己之观点,而是用“旧瓶装新酒”之方式表达自己之观点:“在经学时代中,诸哲学家无论有无新见,皆须依傍古代即子学时代哲学家之名,大部分依傍经学之名,以发布其所见。其所见亦多以古代即子学时代之哲学中之术语表出之。”③西洋哲学传入中国初期,中国人亦是采用此种方式接受西洋哲学:“然西洋学说之初东来,中国人如康有为之徒,仍以之附会于经学,仍欲以旧瓶装此绝新之酒。然旧瓶范围之扩张,已达极点,新酒又至多至新,故终为所撑破。经学之旧

① 冯友兰:《中国哲学史》,北京:中华书局,1961年4月新1版,第44页。
② 同上,第40页。
③ 同上,第492页。

瓶破而哲学史上之经学时期亦终矣。”①

应讨论之问题有两个：(一)中国之“经学时代”终于何时；(二)中国之“经学时代”终结以后会是一个怎样的时代？对于第一个问题，冯先生之回答是，中国之“经学时代”终于康有为(1858—1927)、谭嗣同(1866—1898)、廖平(1852—1932)三人，其中廖平辞世最晚，故确切些说，中国之“经学时代”是终于廖平：“廖平所说，如上所引者，吾人若以历史或哲学视之，则可谓无价值之可言。但廖平之学，实为中国哲学史中经学时代之结束。……故廖平之学，实为经学最后之壁垒，就时间言，就其学之内容言，皆可以结经学时代之局者也。”②

对于第二个问题，冯先生之回答是，新的“撇开经学而自发表思想”之时代，已经在“经学时代方结束之时开始”，但也只是开始，因为“尚无卓然能自成一系统者”：“在廖平未死之前，即在其讲经学五变之前，撇开经学而自发表思想者，已有其人。故中国哲学史中之新时代，已在经学时代方结束之时开始。所谓‘贞下起元’，此正其例也。不过此新时代之思想家，尚无卓然能自成一系统者。故此新时代之中国哲学史，尚在创造之中；而写的中国哲学史，亦只可暂以经学时代之结束终焉。”③

冯先生所说“撇开经学而自发表思想”之时代，著者以为就是所谓“新子学时代”。这个“新子学时代”有其鲜明之特色：“撇开经学而自发表思想”，不再“依傍古代哲学家之名”发表新见，一也；

① 冯友兰：《中国哲学史》，北京：中华书局，1961年4月新1版，第496页。

② 同上，第1040—1041页。

③ 同上，第1041页。

不再将西洋哲学“牵引比附”于中国概念,而是反过来,将中国思想纳入西洋哲学之格式,二也;认定可以“自命经纶,蹈于妄作”,可以“自以立说”而不必“禀圣经以为宗主”,三也;不承认有一个“指导思想”或“官方哲学”,尤其是“上所定”之思想可居于支配地位,四也;不再“以旧瓶装新酒”,而是反过来,以新瓶装新酒或以新瓶装旧酒,五也。

总之这个“新子学时代”完全是一种“格式”之转换,即从“援西入中之格式”彻底转换为“援中入西之格式”。“援西入中”,是以西洋思想之格式屈服于中土思想之格式;“援中入西”则反之,是以中土思想之格式屈服于西洋思想之格式。“新子学时代”是从“援中入西”开始的。“援西入中”诚然不对,“援中入西”同样也问题成堆。中国目前之主流学术思维,就是完全彻底的“援中入西”之思维,此种思维已经运用到冯先生所说“有许多可笑之处”之程度,已现“破裂之象”了。著者以为以“援西入中”作为迎接西洋文化之第一步,是可原谅的;以“援中入西”作为迎接西洋文化之第二步,也是可原谅的;但以“援中入西”为终极思维,永远停留在“援中入西”上,则是不可原谅的。著者以为中西思想之格式根本不同,本不能互援,硬要互援,只能闹出无穷乱码,意义全失,露出“许多可笑之处”;以为目前之主要工作,是疏清中西思想格式之同异,以便为进一步创造作准备,最后实现“全盘化西”之终极理想。

冯先生说“在廖平未死之前,即在其讲经学五变之前,撇开经学而自发表思想者,已有其人”,但并未确指系何人;又说“不过此新时代之思想家,尚无卓然能自成一系统者。故此新时代之中国哲学史,尚在创造之中”,但并未确指“卓然能自成一系统者”究取何义。首先,廖平是死于1932年,说“在廖平未死之前”,已有“撇开经学而自发表思想”之人，著者是表赞同的；不过冯先生并未指出是何人，却显然是其不足，著者以为冯先生不当有此暧昧不明之态度。其次，冯先生之《中国哲学史》一书，1928 年开始撰写，1931 年上海神州国光社出版上册，1934 年商务印书馆出齐上下册。说 1928 年，甚至 1934 年中国哲学史上“尚无卓然能自成一系统者”，著者以为是不确切的；无论从哪个角度说，当时肯定已有“卓然能自成一系统者”。

著者之看法是：（一）冯先生说“在廖平未死之前，即在其讲经学五变之前，撇开经学而自发表思想者，已有其人”，此人即是张东荪。（二）在冯先生出齐其《中国哲学史》一书上下册之时（1934 年），中国哲学史上已有“卓然能自成一系统者”，此人即是张东荪，此系统即是“多元认识论”（或“知识多元说”）与“架构论”。（三）冯先生说“中国哲学史中之新时代，已在经学时代方结束之时开始”，此“新时代”即是“新子学时代”，此“新时代”之开山者即是张东荪。

著者之理由是：（一）廖平逝世之时间与张东荪创建“多元认识论”或“知识多元说”之时间，基本重叠，廖平代表经学之终结，张东荪代表“新子学时代”之开端。可谓“贞下起元”也。（二）廖平以“旧瓶装新酒”之方式表达思想，紧接廖平不以“旧瓶装新酒”之方式，而以“新瓶装新酒 + 新瓶装旧酒”之方式表达思想之第一人，是张东荪。可谓“直接表达”或“正面表达”第一人也。（三）廖平以西洋思想“附会于经学”，其“牵引比附而至于可笑”，实乃“援西入中”之极限。紧接廖平“援中入西”且“中西并举”之第一人，是张东荪。可谓“格式转换”之第一人也。

总之张东荪在中国哲学史上，在冯友兰所谓“经学时代”之后，第一个酿出“新酒”,第一个造出“新瓶”,又第一个以“新瓶新酒新格式”重新审视并重组全部中西思想资源,此乃著者所谓张东荪开辟“新子学时代”之基本含义。

五、“张东荪哲学”之定性

至于“张东荪哲学”之性质,则可说是一种“现代哲学”与“后现代哲学”,合乎“现代”与“后现代”之标准。《中国大百科全书》“哲学”卷之“现代西方哲学(contemporary western philosophy)”条,由著名哲学史家江天骥先生撰写。该条列举“现代西方哲学”之“基本特征”如下:(一)经验论由盛而衰,理性论逐步抬头。(二)多元主义和相对主义取代一元主义和决定论。(三)普遍重视对语言问题之研究。[①] “张东荪哲学”完全合符《中国大百科全书》此处所列三个“基本特征”,因而完全是一种“现代哲学”。

刘放桐先生也是研究现代西方哲学之著名专家,他在2000年发表一文,名曰《对西方哲学近现代转型的历史与理论分析——从近代哲学到现代哲学》,专门探讨“现代哲学”与“近代哲学”之不同。该文认为,整个西洋现代哲学之理论走向,至少在如下几个重要方面在不同程度上超越了西洋近代哲学:(一)放弃了建立无所不包的哲学体系以及把哲学当作科学和一切知识之基础,即“科学之科学”之企图,大大限制甚至消解了传统哲学之范围和职能。这

---

① 《中国大百科全书·哲学》,北京:中国大百科全书出版社,1987年10月第一版,第989—990页。

是对作为体系哲学的思辨形而上学,特别是其本体论之超越。(二)大都企图排除作为近代认识论基础的二元分立倾向。在某种程度上否定与二元分立相关之机械论、独断论和怀疑论,要求把主客、心物、思有看作是一个不可分割的、统一之过程,其中起主导作用的是作为主体的人之创造性活动。这是对二元分立哲学模式之超越。(三)公开挑战近代哲学中表现出的理性万能和理性独断倾向,要求超越理性之界限,转向非理性世界。对人之非理性的精神活动进行了多层次和多方面之研究,扩大并加深了人们对人的精神活动之认识,是对人的理性活动之一种重要补充,意义极为重大。这是对传统理性主义之超越。(四)大都反对把人对象化,要求恢复人之本真存在,重新认识人的存在及其活动之价值和意义。强调要把人看成完整之人,看成目的而不是手段;认为人不是哲学体系之某个环节或组成部分,而是整个哲学之核心。要求以交互主体取代个体主体,以主体间性(主体交互性)取代主体性,以主客之相互作用(生活、实践、过程)代替主客互为独立之实体。这是对近代哲学关于人和人道主义理论之超越。刘放桐先生认为西洋"近代哲学"向"现代哲学"之转型,是西洋哲学"理论思维方式的转型",是"基本观念的重大变更"①。

以上四条,有三条都可以套用到"张东荪哲学"头上,只有第(三)条"转向非理性世界"与"张东荪哲学"不合。不过对于此点,张东荪是有解释的,他在《思想与社会》一书中说:

---

① 刘放桐:《对西方哲学近现代转型的历史与理论分析——从近代哲学到现代哲学》,载《学海》(南京)2000年第5期,第18—27页。

我们可以说二十世纪的思潮是注重在发现人类之非理性的方面。不过须知我们能发见自己的性格为非理性所支配，则我们便无异于超出这个反理想(性)主义了。如果我们只是生活在反理性之中，则我们决无由自己知道是如此，因为我们知道如此正由于使用理性。可见纵使我们的行为是反理性的，而我们自己能明白这个缘故却必是理性的。正犹如我们一切行为都是机械性动作，但自己知道其为机械性便不失为自由。所以机械论不能彻底，而反理性说亦同样不能彻底。只要有此一线的漏光则人生便不会绝望。所以讲到学问终得诉诸理性。我以为反理性主义并没有予理性主义以打击，却反而供给了不少的事实以便理性主义另开拓一步。①

若准此解释，则“张东荪哲学”依然合符“现代哲学”之标准，依然可视为一种“现代哲学”，只是其完全建立在理性主义之上。

北京大学中文系王岳川先生在《后现代主义在中国的反思》之“笔谈”中，列举“后现代哲学思想的基本特征”如下：(一)反本质主义。主要是反中心主义，反对将所有复杂现象都万中取一地抽取本质。力图从本质主义之独断论中挣脱出来。(二)反权威主义。即反等级制度和权威性话语。等级制度和权威性话语均以独断论和中心论为基础。(三)反启蒙主义。即反理性主义和知识精英唯我独尊之启蒙心态，力求打破工具理性之启蒙。(四)反主体性。即反那种理念的或绝对理念之主体，消解那种高视阔步之具

① 张东荪：《思想与社会》，重庆、上海：商务印书馆，民国三十五年三月初版，第195页。

有神圣性的绝对主体，而将主体还原为日常生活中之凡夫俗子。（五）反形而上学。即反形而上学之二元对立论，反对用预先未经证明之设定作为自己论证之手段，拒不承认任何东西可以是不证自明的，没有第一原理，也没有先验之假设。（六）消解权力话语。打破权力话语之霸权性，由一元向多元扩展，由知识霸权向资源共享发展，以消解意识形态话语之方式，改变这一话语之言说方式和言说内容。（七）多元共生性。不再强调对立，注重对立面之消失。（八）思维之否定性。强调怀疑历史，怀疑终极价值，怀疑意义之本源性和确定性，保持相对主义意识。（九）语言转向性。以解构主义为理论基础，在语言上出现完全不同于现代主义之特征。[①] 以上基本特征，除第（五）条"反形而上学"外，全部都与"张东荪哲学"精神相合。张东荪是承认形而上学，承认有未经证明之"设准"预先存在的，除此之外，"张东荪哲学"完全是一种"后现代主义哲学"。

云南大学人类学系章立明先生曾撰《从 Postmodernism 一词的误译试论对其理论的再解读》一文，中心任务是"揭示 Postmodernism 理论的要义就是消解本体论"。该文说"通过对后现代理论的研读，我们发现后现代理论是西方本体论哲学的终结者"，又说"后现代理论的核心之一就是解构本体论，也就是解构逻各斯中心主义传统"，并说西洋对本体论的研究经历了几千年之历史，"而试图结束这种本体论传统的就是后现代理论，……换言之，后现代理论就是本体论的坟墓"[②]。若章立明先生之结论可以成立，则著者可

---

① 王岳川：《后现代主义在中国的反思》，载《求是学刊》（哈尔滨）2001 年第 3 期，第 5—18 页。

② 章立明：《从 Postmodernism 一词的误译试论对其理论的再解读》，载《学术界》（合肥）2001 年第 3 期，第 117—123 页。

断言,张东荪乃是中国现代哲学史上第一位"后现代主义者","张东荪哲学"乃是中国现代哲学史上第一种"后现代主义哲学";并且张东荪也许还是独一无二的,即是说在中国现代哲学史上也许只有这个"第一",没有"第二",只有张东荪解构本体论,没有其他人解构或试图解构本体论。这样一种定位,无疑会使张东荪成为现代中国"后现代主义哲学第一人"。

前文说张东荪开辟了中国哲学史上之"新子学时代",但未说他是以怎样之哲学去开辟的。讨论至此则可明白,张东荪借以开辟中国哲学史上之"新子学时代"的,不是"近古哲学"或"近代哲学",而是"现代哲学"与"后现代哲学"。这是合符张东荪所处时代之"时代精神"的。

以上意见只是一种尝试,未必能成立,尚祈方家批评指正。

2011 年 3 月 20 日